FUNDAMENTOS DE ECONOMIA POLÍTICA

SÉRIE ESTUDOS JURÍDICOS: DIREITO EMPRESARIAL E ECONÔMICO

inter
saberes

Rodrigo Otávio dos Santos

intersaberes

Rua Clara Vendramin, 58 . Mossunguê . Cep 81200-170 . Curitiba . PR . Brasil
Fone: (41) 2106-4170 . www.intersaberes.com . editora@intersaberes.com

Conselho editorial Dr. Alexandre Coutinho Pagliarini, Drª Elena Godoy, Dr. Neri dos Santos, Dr. Ulf Gregor Baranow ▪ **Editora-chefe** Lindsay Azambuja ▪ **Gerente editorial** Ariadne Nunes Wenger ▪ **Assistente editorial** Daniela Viroli Pereira Pinto ▪ **Preparação de originais** Fabrícia E. de Souza ▪ **Edição de texto** Guilherme Conde Moura Pereira, Monique Francis Fagundes Gonçalves ▪ **Capa** Luana Machado Amaro ▪ **Projeto gráfico** Mayra Yoshizawa ▪ **Diagramação** Charles L. da Silva ▪ *Designer* **responsável** Charles L. da Silva ▪ **Iconografia** Regina Claudia Cruz Prestes

EDITORA AFILIADA

1ª edição, 2022.

Foi feito o depósito legal.

Informamos que é de inteira responsabilidade do autor a emissão de conceitos.

Nenhuma parte desta publicação poderá ser reproduzida por qualquer meio ou forma sem a prévia autorização da Editora InterSaberes.

A violação dos direitos autorais é crime estabelecido na Lei n. 9.610/1998 e punido pelo art. 184 do Código Penal.

Dados Internacionais de Catalogação na Publicação (CIP)
(Câmara Brasileira do Livro, SP, Brasil)

Santos, Rodrigo Otávio dos
  Fundamentos da economia política/Rodrigo Otávio dos Santos. Curitiba: Editora InterSaberes, 2022. (Série Estudos Jurídicos: Direito Empresarial e Econômico)

  Bibliografia.
  ISBN 978-65-5517-388-8

  1. Economia 2. Economia política I. Título. II. Série.

21-84737   CDD-330

Índices para catálogo sistemático:
1. Economia política 330

Cibele Maria Dias – Bibliotecária – CRB-8/9427

Sumário

9 ▪ *Agradecimentos*

15 ▪ *Apresentação*

Capítulo 1

19 ▪ **Histórico, definições e correntes da economia política**
   20 | O que é economia política?
   30 | Evolução do pensamento econômico

Capítulo 2

75 ▪ **Fundamentos da economia política**
   76 | Repartição de renda
   86 | Excedente e acumulação
   97 | Concentração do capital
   107 | Desigualdade social
   117 | Moeda e crédito

Capítulo 3

129 ▪ **Economia política no Brasil**
   130 | Inflação
   141 | O último governo militar
   151 | Governo José Sarney
   163 | Governo Fernando Collor de Mello
   173 | Governo Itamar Franco e Plano Real

Capítulo 4
185 ▪ **Economia e política no século XXI**
187 | Economia do grátis
200 | Cauda longa
213 | Dinheiro digital e criptomoedas
222 | Capitalismo de vigilância
231 | O futuro do trabalho, da economia e da política

239 ▪ *Considerações finais*
243 ▪ *Referências*
253 ▪ *Sobre o autor*

Ao meu pai, economista, que viu o filho reprovar em matemática na sétima série, mas não desistiu de apoiá-lo. Este livro é a prova de que funcionou.

A minha mãe, que não entende nada de economia ou política, mas que acreditou que a sétima série era só uma pedrinha no caminho.

Agradecimentos

Uma obra nunca reside apenas em seu executor. Seja um time de futebol, seja uma banda de *rock'n'roll*, seja um livro, por trás do artífice sempre há muitas pessoas que o apoiaram, incentivaram, criticaram e ajudaram. Com este livro não foi diferente.

Por isso, é importante agradecer às várias pessoas que ajudaram esta obra a sair da tela do computador. Começo agradecendo aos professores Tiemi e André, que me incentivaram a encarar o desafio. Tiemi é minha aluna do doutorado. André, eu chamo de *Véio* desde a sétima série, no longínquo ano de 1988. Desapontar essas duas pessoas não é admissível. Espero que eles gostem. Ou, se não gostarem, que mintam.

Agradeço também ao corpo docente do Programa de Pós-Graduação em Educação e Novas Tecnologias do Centro Universitário Internacional Uninter, do qual faço parte. Siderly, Luciano, Moser, Germano, Joana, Ivo, Márcia, Ademir, Luana, Sueli e Dani: sem o apoio de vocês, este livro estaria apenas na minha cabeça.

Também quero fazer menção a todo o pessoal da Editora InterSaberes, por trazer a obra ao público, em uma qualidade impecável, que só abrilhanta essas letras pretas em papel branco.

Também gostaria de dar um olá a todos os meus alunos e, principalmente, orientandos, pela paciência. Se me aguentar não é fácil, ser orientado por mim deve ser pior ainda. Pobrezinhos.

Não poderia deixar de agradecer a minha maravilhosa namorada Ingrid, mais linda que a Bergman e futura doutora em Educação. Também preciso agradecer as minhas morceguinhas leitoras Sofia e Ana — muitos quadrinhos virão por aí.

Agradeço as minhas duas irmãs, Ayleen e Letycia, que moram em lugares distantes, mas estão sempre por aí graças às maravilhas internéticas, e ao meu sobrinho, Lennon, que um dia falará português e terá uma coleção de gibis para aproveitar.

Também tenho que agradecer o apoio da minha madrasta, Diomar, economista e advogada, que, felizmente, só precisou me ajudar com a economia desta vez.

Por fim, o meu agradecimento aos de sempre, o melhor grupo de amigos do mundo, há 36 anos e contando: Waggy, Deda, Bizi,

Paty, Tommy, Demian, Cleise, Ber, Guigui, Lyris, Diego, Manu, Déia, Miguel, João, Carioca, Ale, Gabi, Malu e Aninha.

E, claro, a você, que está lendo estas palavras.

"Meu rico dinheirinho!"

Tio Patinhas[1]

---

[1] Barks, 2020.

Apresentação

Seja bem-vindo! A partir de agora você entrará no fascinante mundo da economia política. Esperamos que este livro lhe traga muito conhecimento, capacidade de compreensão do mundo a seu redor e mais discernimento em suas atitudes futuras. Esperamos também que você goste de nossa abordagem e desfrute com prazer das informações e dos conhecimentos aqui contidos. Leia, releia, fiche, sublinhe, rabisque se precisar. Transforme essas informações em conhecimento para sua vida.

De forma franca e didática, recheada de exemplos, apresentaremos uma das disciplinas mais desafiadoras ao entendimento humano. A economia política é uma ciência de fronteira, que abarca inúmeras outras áreas em uma só. Também é instigante, pois, para sua compreensão, é necessário conhecer, ao mesmo tempo, matemática e história, os números e suas relações e os seres humanos e suas idiossincrasias. Além disso, devemos conhecer os fatores internos dos países, suas relações externas, as leis, o comércio, e, ainda, a psicologia de seus habitantes.

Portanto, a economia política é um grande apanhado de inúmeras disciplinas que, juntas, buscam compreender a relação dos seres humanos com seu dinheiro e dos países com suas riquezas. A relação entre ideais, ideologias e formas de compreensão de mundo – direita ou esquerda, liberal ou conservador – pode também ser explicada pela economia política.

Assim, no primeiro capítulo, traremos o histórico, as definições e as correntes da economia política. Na evolução dessa área do conhecimento, temos duas grandes correntes, duas formas de entender economia e política, que se iniciaram no século XVIII e permanecem até hoje conosco: o liberalismo e o marxismo. Para fechar o capítulo, apresentaremos a teoria do valor, extremamente importante para que você compreenda as diferenças e as similaridades entre liberais e marxistas.

No segundo capítulo, abordaremos os fundamentos da economia política. Começaremos com a repartição de renda, o excedente e a acumulação de dinheiro e riquezas. A concentração do capital vem em seguida, tema que praticamente se liga ao assunto da seção seguinte, a desigualdade social. Por fim, trataremos de algumas definições de moeda e crédito.

O terceiro capítulo é exclusivo sobre inflação, o elemento mais importante da política econômica no período mais recente da história do Brasil. Esperamos trazer uma compreensão prática de como economia e política modificam a vida das pessoas. Primeiramente, veremos o conceito de inflação e suas consequências. Depois, realizaremos uma abordagem histórica desse fenômeno que se constitui no maior desafio já enfrentado por brasileiros e brasileiras e que levou décadas para ser sanado, envolvendo inúmeros políticos, economistas e teorias sobre como melhorar as coisas em um país desolado por uma economia política que devorava o salário dos trabalhadores antes do final do mês.

O quarto e último capítulo tem como tema a economia e a política no século XXI. Veremos teorias que se utilizam da internet e das novas tecnologias para compreensão econômica no mundo pós-anos 2000. Para isso, trataremos da economia do grátis, que existe há muito tempo, mas tomou uma proporção muito maior com o advento da internet. Depois, apresentaremos a teoria da cauda longa, que, também promovida pela internet, possibilita a compreensão dos produtos de nicho por parte do mercado. Depois, visitaremos um pouco da teoria das criptomoedas e do dinheiro digital, que, embora esteja em constante mudança, traz benefícios e desafios para a sociedade. Na sequência, abordaremos o capitalismo de vigilância, no qual empresas digitais utilizam nossos dados para ganhar dinheiro, deixando-nos vulneráveis. Para finalizarmos, discutiremos o futuro do trabalho, da economia e da política, por meio de temas como a precarização do trabalho, a concentração de renda no século XXI e suas consequências nefastas.

Compreender a economia política pode ser muito complicado e, para algumas pessoas, até um martírio. Uma parte dessa dificuldade parece residir no fato de que os principais livros sobre o assunto são excessivamente complexos. Por isso, nesta obra, tentaremos desmistificar alguns conceitos. É por essa razão que o livro está recheado de exemplos simples, cotidianos — para que o entendimento se faça da forma mais fluida e natural possível.

Nossa principal esperança é trazer luz a um tema tão complexo e fantástico, fazendo com que você participe desta jornada de conhecimento e, ao final, saia mais consciente, mais interessado e menos sujeito a aceitar ideias desbaratadas de políticos e economistas. Trata-se de um longo caminho, mas será sensacional. Vamos lá?

Capítulo 1

Histórico, definições e correntes da economia política

Neste primeiro capítulo, apresentaremos o histórico da economia política, ou seja, como essa área do conhecimento surgiu e se desenvolveu e quais são os principais nomes por trás de suas teorias.

Também discutiremos mais profundamente os dois principais olhares para a economia política: a escola liberal e a escola marxista. Como as duas teorias são interconectadas, serão apresentadas sem nenhum olhar ideológico, deixando para que você decida qual é a melhor abordagem para cada momento.

Por último, veremos a teoria do valor, importante para a compreensão de todos os conceitos trabalhados.

— 1.1 —
O que é economia política?

Para compreendermos um conceito, qualquer que seja, é sempre interessante tentarmos encontrar suas origens e desvendar o que está por trás das palavras ou ideias que empregamos. Com a economia não é diferente. Pense na quantidade de ideias atreladas à palavra *economia*. Usamos esse termo quando queremos nos referir ao desligamento dos equipamentos elétricos de noite para gastar menos com a conta de luz, quando falamos da porção do nosso salário que seguramos para não gastar, quando discutimos a alta do dólar ou a queda da bolsa de valores.

Então, primeiramente, vamos definir qual economia estamos discutindo neste livro. A economia é uma ciência social aplicada, ou seja, está fundada nos pensamentos da sociedade, mas é menos abstrata que as demais ciências sociais, uma vez que pode se valer de gráficos, projeções e, principalmente, números. Portanto, trata-se de uma ciência que permite a quantificação. Essa área do saber busca compreender a ação econômica da sociedade, com seus processos de produção de bens e serviços, de geração e apropriação de renda, assim como os gastos e a acumulação financeira (Matias-Pereira, 2015).

Mais do que isso, nesse campo disciplinar, estudaremos a relação da economia com o Estado, ou seja, com o governo. Essa ligação entre governo e sociedade é muito mais presente do que você imagina. Aliás, para ser sincero, está presente em quase todas as esferas da sua vida. Vamos imaginar que você está com fome e vai até a esquina comer um cachorro-quente em uma barraquinha. No preço do seu lanche, estão embutidos inúmeros processos de economia política. Por exemplo, para a barraquinha chegar aonde está, precisou ser rebocada por um carro movido à gasolina. Bem, a gasolina é um combustível fóssil, derivado do petróleo, ou seja, uma *commodity*, um produto produzido em massa cujo preço sofre variações de acordo com o mercado internacional. Se o barril do petróleo aumenta na Arábia Saudita, seu cachorro-quente encarece. Ao mesmo tempo, se o governo, por meio de políticas de incentivo, decide que vai cobrar menos impostos do trigo, o pão fica mais barato, e, consequentemente, seu sanduíche também. A economia política está presente em praticamente todos os bens de consumo a sua volta.

Então, podemos dizer que a relação entre a sociedade e o Estado se dá pela economia política e, principalmente, por meio das estruturas de governança e das políticas macroeconômicas. Essas são relações que conferem poder aos governantes, ao mesmo tempo que refletem as ideias do grupo que governa o país no momento.

As orientações macroeconômicas podem sustentar um grupo no poder durante muitos anos ou levar um governante à queda em pouco tempo. Pense em quantos impostos pagamos em nosso país e o que é feito com o dinheiro arrecadado. Esses impostos são a forma de sustento do governo. Logo, nós, o povo, sustentamos as pessoas que trabalham no funcionalismo público com nossos tributos. Criar um novo imposto, portanto, é um dos atos de maior poder que um governante pode tomar e evidencia a relação entre os que detêm o poder (quem criou o imposto) e os submetidos a este (quem precisa pagar esse imposto) (Ribeiro, 2010). Os efeitos das políticas governamentais modificam os níveis de emprego, a renda da população e sua distribuição entre os diferentes estratos da sociedade.

Essa obrigação de pagamento de impostos é um dos maiores vínculos entre o indivíduo e a sociedade em que vive. O modo como os agentes sociais tentam solucionar os problemas que se referem ao bem comum consegue explicar, de forma bastante abrangente, os hábitos e os valores culturais de um povo. A sociedade é, em grande parte, regulada pela economia política e, em países democráticos, seus líderes são eleitos também com a função de gerenciar e criar políticas econômicas de alcance geral para a população.

Em um Estado democrático, a principal função dos agentes governamentais é ampliar as oportunidades para pessoas e entidades, criando condições de vida melhores para cada um de seus cidadãos. Por isso, o Estado deveria tentar gerenciar de forma inteligente a repartição da renda e os excedentes da sociedade, além de combater a excessiva concentração de recursos e a desigualdade social. Para fazer tudo isso, é necessário agir no câmbio, na inflação, na acumulação, no crédito, nos programas sociais e em outros tantos elementos sociais e econômicos.

Como você pode perceber, a economia política tem uma abrangência muito maior do que a economia tradicional, na medida em que busca resolver problemas muito amplos para mudar a realidade de cada uma das pessoas da sociedade. Portanto, podemos dizer que, para compreender de fato a economia política, é importante um olhar interdisciplinar, ou seja, unir diversas áreas do saber para tentar responder a questões comuns. Assim, é necessário interagir com a economia, a ciência política, a administração pública, a sociologia, a história e o direito (Matias-Pereira, 2015).

Diferentemente da economia doméstica, na qual o importante é gastar menos do que se ganha e definir o que comprar ao final do mês, a economia política é muito mais complexa. As contas sequer são feitas da mesma forma. Entender macroeconomia é compreender processos tão complicados que a economia sozinha não daria conta. Certos processos econômicos só se explicam olhando a cultura de cada povo. Por exemplo, os estadunidenses utilizam muito o dinheiro em espécie. Pagam as contas da padaria, do açougue ou do mercado em dinheiro vivo, que carregam em seus bolsos. No Brasil, por uma série de razões, que vão desde a memória das sucessivas desvalorizações da moeda até a falta de segurança nas ruas, isso não é assim. Essa decisão cotidiana, de andar com algumas notas ou apenas com um cartão, passa pela sociologia, pela história e pela economia. A cultura de cada povo é moldada por diversos fatores, entre os quais, a economia política. Por sua vez, a economia política é moldada também pela cultura, em processos de idas e vindas na mentalidade das pessoas.

Digamos que o governo de um país democrático queira criar um novo imposto. Para isso, precisa elaborar uma regra, que deve ser isonômica, ou seja, deve aplicar-se a todas as pessoas. O direito vai entrar nessa briga para justificar tal isonomia de acordo com a Constituição, para evitar que uns paguem mais do que outros. Porém, existem reações, claro. Afinal, ninguém quer pagar mais dinheiro. Nesse momento, outros tantos advogados entram com representações para que tal imposto não seja aplicado da forma como foi previsto. Obviamente, haverá exceções. Assim, mais advogados vão entrar nessa briga para garanti-las ou para evitá-las. Todavia, como pode um advogado entrar com uma ação se não conhece nada de economia política?

Uma coisa muito importante para que você comece a entender economia política é compreender que existe uma escassez de recursos no mundo. Não há dinheiro infinito, como não existem árvores infinitas ou peixes infinitos. Todos os recursos do planeta são escassos. Uns mais, outros menos, porém nada é infinito. Existe mais mar do que terra, só que o mar não é infinito. Atualmente, em 2021, há cerca de 1,3 bilhão de cabeças de gado no mundo (FAO, 2021). É um número gigantesco, mas não infinito.

Para lidar com a escassez, a economia se faz presente. Quanto mais escassa a coisa, mais a economia precisa ser utilizada. Basta que você se lembre de sua história pessoal. Quando temos menos dinheiro (recurso), mais contas fazemos. Quando há abundância de recursos, as contas são menos importantes. Para uma pessoa pobre, comprar um carro envolve uma série de contas, renúncias e dor de cabeça. Para um rico, basta ir à concessionária. Como boa parte das pessoas do Brasil vive com menos do que o necessário para ter uma vida digna e boa parte das famílias está endividada (CNC, 2021), a escassez faz-se presente. Dia após dia, é preciso que escolher o que comprar para comer e isso possibilita uma boa noção da dificuldade da escolha e da renúncia diárias. Todos os dias de nossas vidas fazemos escolhas econômicas baseadas na política de escassez.

Podemos dizer o mesmo do governo. Direcionar recursos – sempre escassos – não é tarefa fácil. Além disso, há a questão do poder. Pessoas ou entidades poderosas podem fazer com que a corda puxe mais para um ou outro lado. Assim, governos precisam criar meios de manter sua população relativamente feliz, do contrário, não se reelegerão ou não elegerão um sucessor. Ao mesmo tempo, no entanto, os grandes empresários, industriais ou comerciantes fazem pressões em prol de um ou outro setor. Por exemplo, todos pagamos impostos, mas as pessoas mais ricas dos países normalmente não pagam da mesma forma. Não há isonomia, e taxar grandes fortunas é uma tarefa que não foi levada a cabo em nenhum lugar do mundo (Piketty, 2014). Em suma, mexer com os ricos e poderosos não é simples.

Existem países mais e menos poderosos. Travar uma batalha comercial com os Estados Unidos, por exemplo, é uma tarefa que poucos países do mundo se atrevem a fazer. Brigar de igual para igual com a China também não é simples para ninguém. No entanto, não podemos dizer o mesmo de países periféricos, como os sul-americanos ou os africanos. Portanto, batalhas de poder também se estendem às relações internacionais. Quando essas forças colossais se movem, todos os demais países do mundo também são afetados. Podemos exemplificar com um fato de 1973, quando a Organização dos Países Exportadores de Petróleo (Opep) decidiu criar um embargo de petróleo aos países aliados à Israel (Hobsbawm, 1995) — o barril do combustível passou de US$ 3,00 para US$ 12,00. Isso quebrou economicamente diversos países, inclusive o Brasil, que nunca se pronunciou acerca da Guerra do Yom Kippur, motivo desse embargo. Outro exemplo ocorreu nos Estados Unidos, em 2008, quando estourou uma crise imobiliária por lá. Nesse caso, processos microeconômicos afetaram a macroeconomia. Os bancos e o governo estadunidenses decidiram, ao longo de vários anos, conceder cada vez mais crédito, ou seja, empréstimos a juros baixos, para que as pessoas pudessem comprar suas casas. O que parecia ser uma boa ideia acabou entrando em colapso conforme mais e mais pessoas compravam suas casas, aumentando a demanda e, com isso, fazendo com que os preços subissem. Com esse processo, chegou um momento em que as pessoas compravam e não conseguiam mais pagar. Quando as pessoas passaram a não pagar, os bancos não tinham mais renda. Assim que esses bancos estadunidenses quebraram, o restante do mundo embarcou na crise.

Nós, aqui no Brasil, não compramos nenhuma casa nos Estados Unidos, tampouco deixamos de pagar pelos empréstimos, porém sofremos com os resultados da crise.

Em um mundo tão globalizado, o que acontece na Índia pode ter impactos na Argentina e o que acontece na Austrália pode ter consequências no México. Cada governo, por meio de sua economia e de sua política, tenta controlar os danos e beneficiar sua população.

Como você pode perceber, a economia política tem dois "lugares" de ação. O primeiro é a macroeconomia, ou seja, o estudo do funcionamento do sistema econômico, das relações entre países e entre as grandes receitas e despesas da nação, das variáveis econômicas agregadas, como gastos públicos, consumo de determinado bem, exportações, importações, flutuações de câmbio etc. O segundo é a microeconomia, chamada por alguns autores de *teoria dos preços*, que busca compreender o comportamento dos agentes econômicos individuais, como um cidadão, uma empresa grande ou um pequeno comércio de bairro. A microeconomia analisa as interações entre esses sujeitos e suas decisões econômicas (Matias-Pereira, 2015).

É interessante notarmos que um foco não inviabiliza o outro. Mais do que isso, eles são complementares. Olhar a economia apenas da ótica dos indivíduos não consegue explicar as decisões governamentais ou o jogo do poder que existe acima das pessoas. Ao mesmo tempo, perceber apenas as relações macroeconômicas não consegue explicar como isso afeta a sua vida, o seu cotidiano. Então, para compreendermos economia política de uma forma plena, o ideal é entender tanto o macro quanto o micro; tanto as relações entre países quanto entre vizinhos de portão.

Se observarmos o exemplo da crise imobiliária estadunidense de 2008, verificamos como a microeconomia de diversas famílias comprando suas casas gerou uma crise macroeconômica em que governos ao redor do mundo precisaram ajustar suas políticas fiscais, de juros e de impostos. Tentar estudar só a microeconomia ou só a macroeconomia nunca dará certo. Essa divisão é interessante para melhorar a compreensão, porém ambos aspectos são indissociáveis.

Além dessas duas grandes divisões, atualmente existem cada vez mais estudos especializados que englobam tanto macro quanto microeconomia para tentar perceber todas as nuances de determinado setor da economia ou fenômeno social.

Por exemplo, para entender o preço do saco de cinco quilos do arroz no mercado, é necessário compreender a mecânica do preço dessa *commodity* no mercado internacional, a percepção de seu valor no Brasil e a variação dos hábitos de consumo das famílias brasileiras em determinado momento histórico. Não se trata, pois, de uma tarefa fácil. Há diversos estudos singulares, sobre economia agrícola, economia do desenvolvimento de países emergentes, economia do trabalho, entre outros. Em todos esses exemplos, para uma melhor compreensão, precisamos fazer uma combinação de macroeconomia e microeconomia, e, ainda, mobilizar uma boa dose de sociologia, história e direito, como mencionamos anteriormente.

A economia política é como um polvo que abraça todos os recantos da sociedade. Mesmo quando a pessoa imagina estar ilesa, não consegue escapar dos tentáculos dessa ciência. Imagine aquele seu amigo ou sua amiga que disse que um dia vai morar na praia e vender bijuterias produzidas por ele mesmo para turistas. Ora, mesmo esse indivíduo está sujeito às leis e às regras da economia política. Não apenas por conta da questão microeconômica do almoço diário, com o custo do arroz, do feijão, do gás de cozinha ou do sabão para lavar as panelas, mas também pelas políticas públicas de moradia e uso de terras e pelos impostos para se ter água, energia elétrica e um teto sobre a cabeça. Assim, mesmo que não tenhamos nos dado conta, a economia política espalha-se por praticamente todos os espaços de nossas vidas, desde o dia em que nascemos até o dia de nossa morte, ou, podemos dizer, até mesmo antes e depois disso, já que nossos pais se prepararam financeiramente para nosso nascimento e, depois de nossa morte, alguém precisa pagar o caixão e o enterro.

Pensar em tudo isso, em todas as implicações da economia em nossas vidas, entretanto, não é simples, tampouco se trata de uma tarefa que começou hoje ou este mês. Muitas pessoas se debruçaram sobre o tema, e a história do pensamento econômico, como veremos a seguir, começou há muito tempo.

— 1.2 —
Evolução do pensamento econômico

O pensamento econômico é uma ciência que vem desenvolvendo-se há milhares de anos. Talvez seja uma das mais fantásticas abstrações da raça humana. Pense bem: o dinheiro é inventado. Vamos falar mais sobre isso adiante, mas, para nos concentrarmos no que é importante, basta pensarmos que uma pessoa precisa de alguns anos de vida para entender o que é o dinheiro e qual é o valor das coisas. Aliás, que valor? O dinheiro é algo tão abstrato que só funciona se mais de uma pessoa concordar com essa forma de abstração. Se eu digo que meu sapato é mais valioso que sua calça, como podemos mensurar? Para uma pessoa faminta, um pouco de arroz pode ser muito mais importante do que um tênis de luxo. Nesse caso, uma xícara de arroz vale mais do que o tênis. Em outro caso, menos contundente, podemos perguntar qual vale mais: um livro sobre medicina ou um livro sobre arquitetura. Há, ainda, as coisas cujos valores não podem ser comparados, como a liberdade, o amor ou a paz. Cada valor é definido pela cultura, que, como sabemos, muda no espaço e no tempo (Laraia, 2007).

É justamente nesse sentido que o dinheiro é algo inventado e sua manutenção depende muito mais da psicologia do que de leis da física ou da natureza. Se alguém entrar com um pacote de 10.000 ienes, a moeda japonesa, em uma lanchonete de Curitiba, provavelmente não conseguirá comprar nada, já que muito possivelmente o dono do estabelecimento sequer identificará aqueles papéis como dinheiro. Para que o dinheiro funcione, é preciso haver uma combinação entre as pessoas envolvidas na transação.

Existem dificuldades relativas a compreender a economia historicamente. Apesar de parecer que ela sempre fez parte do cotidiano dos seres humanos, nem sempre foi assim. Durante muitos séculos, a vida humana na Terra baseava-se na subsistência, ou seja: plantar, colher, caçar, limpar e comer. Com o que sobrava, faziam-se trocas. Um homem na sociedade americana pré-colombiana, por exemplo, caçava. Se pegasse dois peixes, comia um e talvez trocava o segundo. Uma mulher na mesma sociedade plantava mandioca. Se tivesse mais mandioca do que sua família conseguisse consumir, poderia trocar com outra família. Com pouquíssimas variações, era isso que acontecia, essa era a prática econômica da raça humana desde sua gênese, de praticamente 70 mil anos a.C. até aproximadamente

3 mil anos a.C. Portanto, a humanidade viveu 67 mil anos sem saber o que é economia.

Quando descobrimos algo, leva tempo até conseguirmos estruturar conceitualmente o que pensamos e mais tempo ainda até que criarmos regras e estabelecermos parâmetros. Assim, podemos dizer que, no Ocidente, a questão da economia começou a se desenvolver com os gregos. Alguns poucos tinham descrito práticas e propostas econômicas, mas quem primeiro estruturou metodicamente o conteúdo parece ter sido **Aristóteles**, pensador grego que viveu entre 384 e 322 a.C.

É importante destacar que, no chamado Mundo Antigo, não havia diferenciação entre a economia e o restante da sociedade. A economia não era encarada como uma disciplina autônoma, tampouco existiam escritos específicos sobre ela. O que se tinha eram fragmentos de conceitos econômicos misturados às práticas cotidianas, religiosas ou de convivência (Polanyi, 2012). Até mesmo a tradução do termo *economia* se mostra complexa. Muitos livros trazem a palavra *oikonomos*, em grego, como *economia*, em português, mas seu significado não é o mesmo que consideramos na atualidade. A sociedade grega antiga era tão diversa da nossa que, para compreendermos seus conceitos, precisamos imaginar como ela se desenhava. Para começarmos nossa conversa, cabe ressaltar que se tratava de uma sociedade escravista. O próprio Aristóteles considerava a escravidão algo natural, quase como uma lei da natureza, em que alguns indivíduos nasciam livres e outros, escravos. O contingente de pessoas que trabalhavam, mas não recebiam excedente, era imenso. Mesmo aquelas que recebiam salário eram malvistas na sociedade, percebidas como pessoas menores. As maiores, nesse contexto, eram as proprietárias das terras.

Obviamente, uma sociedade escravocrata tem conceitos muito diversos em termos de economia. Estruturas como repartição de renda, excedente, acumulação ou desigualdade social, por exemplo, são completamente diferentes. Aristóteles parece ser o único pensador da Antiguidade Clássica a discutir a escravidão em termos econômicos. Ele avalia e pondera as diferentes formas de escravidão (por dívidas ou por nascimento, que tinham diferentes conclusões), tenta discutir de que modo as atividades eram feitas por homens livres e por escravos e verifica como a sociedade de então se organizava em relação ao trabalho e às transações.

A civilização grega antiga desenvolveu-se ao redor da pólis, ou seja, da cidade-Estado, onde a principal estrutura era a ágora (a praça central). Lá, a economia das compras e vendas dos mais diferentes artigos encontrava-se com a esfera do Estado, isto é, com a política. Assim, para Aristóteles, a economia política era aquilo que se desenvolvia na praça central, na ágora, onde as decisões políticas afetavam a economia e vice-versa. Para ele, os bens convergiam do âmbito doméstico para o público, porque as posses não serviam apenas para melhorar a vida das pessoas, mas também, e principalmente, para ajudar a política. A riqueza é objetivo tanto do chefe da família quanto do estadista.

Para Aristóteles, a economia pertencia ao campo da política, tanto que a discussão econômica aparece em sua obra *Política* (Lisboa, 2017).

O próximo pensador que destacamos é um dos principais da Igreja Católica, religião dominante não apenas no campo da metafísica, mas também na economia do mundo europeu durante os mil anos da Idade Média. **São Tomás de Aquino** viveu entre 1225 e 1274 e era um escolástico, ou seja, alguém que tentava valorizar o ensino e a cultura. Baseava-se muito nas obras de Aristóteles. Os escolásticos tentavam conciliar a fé cristã com o pensamento racional e buscavam explicações para o mundo divino no cotidiano e vice-versa.

Tomás de Aquino não tinha na economia uma das suas maiores preocupações, sendo esta, no máximo, um tema incidental que ajudava a explicar determinados procedimentos e condutas. O que realmente importava na economia, para Aquino e os demais escolásticos, era a questão do pecado que perpassava a economia: a avareza, o descaso com o próximo etc. Portanto, esses pensadores aproximaram a economia da moral, tentando compreender e explicar comportamentos humanos que afastavam as pessoas de Deus. Por exemplo, cobrar juros era proibido pela Igreja, já que o excedente devia ser repartido com o próximo, como pregava São Francisco de Assis, contemporâneo de São Tomás de Aquino (Medema; Samuels, 2013). Assim, podemos dizer que, durante praticamente toda a Idade Média, a economia política se submeteu (como todos os demais aspectos daquele mundo) aos dogmas e às leis da Igreja Católica.

Cronologicamente, agora, o cânone do pensamento econômico leva-nos a um dos autores mais influentes até os dias de hoje. Trataremos da biografia dele nesta seção, mas suas ideias permanecerão ao longo de todo o livro. Estamos falando de **Adam Smith**. Nascido em 1723 e morto em 1790, ele é considerado criador da economia moderna e baluarte do liberalismo. Seu principal livro foi A *riqueza das nações*, escrito entre 1766 e 1776. Sua ideia básica era de que a riqueza consistia em bens que poderiam ser consumidos diretamente ou bens que seriam utilizados para a produção de mais bens de consumo. A riqueza seria, então, produzida tirando vantagem da divisão do trabalho, o que, em contrapartida, proporcionaria o crescimento do mercado, o maior uso do dinheiro, a acumulação de capital e o livre comércio nacional e internacional.

Devemos lembrar que Adam Smith presenciou a Primeira Revolução Industrial, que acabou consolidando o capitalismo como meio de economia política primordial. A Inglaterra, país em que se iniciou essa revolução, tem uma história característica de expropriação de trabalhadores da terra. Se os trabalhadores não poderiam mais mexer com a terra, onde, então, trabalhariam? Em um novo local, chamado *fábrica* (Decca, 2004). O pensador observou *in loco* esse movimento, assim como testemunhou uma busca cada vez maior por riquezas particulares. O que antes era a riqueza do rei tornou-se a riqueza do proprietário dos meios de produção, do dono da fábrica, e o dinheiro começou a ter uma importância cada vez maior na vida das pessoas. Os trabalhadores assalariados tornaram-se maioria e seus salários, cada vez mais baixos, já que havia excedente de mão de obra. Esse foi um dos motivos para a debandada de milhões de europeus para outros países, até então inóspitos, como Estados Unidos, Brasil e Argentina, em busca de terras para plantar e de condições de vida melhores do que a oferecida pela fábrica. As nações começaram a se preocupar com a fuga de cidadãos e de seu dinheiro, pois o comércio intensificou-se de forma significativa no período.

Adam Smith tentou, portanto, apresentar uma teoria que proporcionasse riqueza ao Estado ao mesmo tempo que buscava a liberdade e a igualdade, já que ele comungava dos ideais iluministas de liberdade, igualdade e fraternidade. Quando Smith se refere à liberdade, está imaginando a liberdade do indivíduo de decidir sobre sua vida, sem a interferência do Estado. Mais do que isso, prega que todos devem ter igualdade de direitos para lutar por melhores posições no mundo capitalista. O filósofo advoga que o Estado deveria promover as condições de igualdade e deixar o comércio e a concorrência livres. Para ele, as maiores fontes de riqueza de uma nação seriam os comércios externo e interno. É interessante destacarmos que, naquele momento, o comércio era tido como maléfico pelos políticos, os quais diziam que, quando há comércio entre nações, uma sempre sai ganhando e outra sempre perde. Adam Smith dizia o oposto, que as transações enriqueciam ambas as nações (Pereira; Menezes, 2008). Por advogar o individualismo, a igualdade e a liberdade, foi considerado um liberal — sua teoria é conhecida como **liberalismo**. Durante boa parte deste livro, trataremos de ideias e concepções liberais, que mudaram diversas vezes ao longo do tempo e do espaço, mas que têm em Adam Smith sua origem.

Outro autor importante que devemos apresentar brevemente é **Jeremy Bentham**, também conhecido pela invenção conceitual da prisão perfeita, o panóptico (Foucault, 2013). Esse inglês, nascido em 1748 e morto em 1832, explicava que não importavam as regras morais da sociedade ou suas crenças religiosas, pois elas seriam filtradas por uma forma utilitarista de viver a vida. Para ele, as pessoas normalmente tomavam decisões baseadas em sofrimento e prazer, ou seja, em recompensas e perdas, e importavam-se mais com as consequências de seus atos por autointeresse do que pela obediência a um dogma ou preceito moral. Suas ideias converteram-se na doutrina ética do utilitarismo, cuja principal máxima é "agir sempre de modo a produzir a maior quantidade de bem-estar".

O que está por trás dessa doutrina é o pensamento de que, se tentarmos ao máximo promover nosso bem-estar e o das pessoas do nosso entorno, tornaremos o mundo melhor. Cada vez que um indivíduo vai tomar uma atitude, ele deve pensar no que fazer e como adicionar a maior quantidade de prazer ao maior número possível de pessoas. É interessante que a ideia de fazer o bem para as pessoas ao redor e, ao mesmo tempo, diminuir o mal gerou duas grandes tradições econômicas e políticas: a burguesia e o socialismo, em uma espécie de direita e esquerda do uso das ideias de Bentham (Medema; Samuels, 2013).

Thomas Malthus foi conterrâneo e contemporâneo de Bentham, nasceu em 1766 e faleceu em 1834. Sua principal obra girava em torno da demografia, ou seja, do crescimento populacional. Ele argumentava que, enquanto a população crescia em progressão geométrica, a capacidade de produção de comida crescia em proporção aritmética, ou seja, a capacidade do planeta de produzir comida para toda a população chegaria a um ponto insustentável, em que não haveria alimento para todos. Com esse aumento populacional, a miséria cresceria e a renda *per capita* desceria ao nível de subsistência mínimo. Assim, a humanidade seguia sempre em direção a um futuro pior, ao contrário do que os utópicos acreditavam à época. A felicidade nas pessoas só poderia ser garantida com a retração dos níveis de crescimento populacional.

Além disso, em 1820, Thomas Malthus escreveu *Princípios da economia política* e, sete anos mais tarde, *Definições em economia política*. Em ambos os livros, advogou que a riqueza de uma sociedade dependia fundamentalmente da demanda efetiva. Isso seria uma justificativa para o esbanjamento dos ricos, que poderia ser prejudicado pela pobreza marcada pelo aumento demográfico. Qualquer melhoria no padrão geral de vida da grande massa da população, nessa perspectiva, seria temporária,

temporária, pois um aumento de condições favoráveis aumentaria a própria população, e, logo, chegaria a escassez novamente (Medema; Samuels, 2013).

David Ricardo, que incorporou muitas das ideias de Malthus, é outro nome de grande vulto. Nascido em 1772 e morto em 1823, esse pensador inglês foi parte de uma família de financistas judeus de origem portuguesa e discutiu acerca da distribuição da riqueza gerada pelo trabalho na sociedade. Em sua perspectiva, se juntarmos maquinário, mão de obra e dinheiro, temos um artigo produzido pelas três classes sociais: proprietários de terra, trabalhadores assalariados e arrendatários capitalistas. Caberia à economia encontrar formas de melhor equalizar esses três vértices do triângulo social. David Ricardo desenvolveu as bases da **teoria do valor-trabalho**, segundo a qual, o valor econômico de uma mercadoria qualquer é determinado pela quantidade de trabalho depositada para a realização daquela manufatura. Para essa teoria, a única coisa que realmente gera valor na sociedade é o trabalho, compreendido como todo o trabalho destinado a uma tarefa (Medema; Samuels, 2013). Por exemplo, ao escrever este livro, não podem ser computadas apenas as horas em frente ao computador, mas também os meses de estudos prévios que culminaram na possibilidade de sua escrita. Em uma indústria que fabrica carros, deve-se computar o esforço de criar cada uma das máquinas utilizadas, bem como o trabalho de extração dos metais da carenagem do carro, o vidro do para-brisa, a tecnologia do motor etc.

Outra teoria desenvolvida por David Ricardo é a das **vantagens comparativas**, até hoje em voga para explicar alguns fenômenos do comércio internacional. Ele indica, em seu estudo, que dois países podem se beneficiar de um mesmo comércio, ainda que um esteja em posição de maior eficiência produtiva que o outro. Para Ricardo, um Estado é rico quando tem abundância de mercadorias que promovem o bem-estar de seus habitantes, portanto o que qualifica um país como rico ou pobre não é a quantidade de dinheiro, nem o valor de suas terras, e sim a felicidade de sua população.

Ricardo também se preocupava com a questão da terra. Para ele, se a população e a produção crescem, a terra torna-se mais escassa ao longo do tempo. De acordo com a lei da oferta e da procura, em algum tempo, pedaços de terra seriam vendidos a preços altíssimos, bem como o preço dos aluguéis aumentaria. Essa é a teoria da **renda da terra** (Piketty, 2014).

Jean-Baptiste Say nasceu, em Lyon, na França, em 1767 e faleceu em 1832. O autor retornou à obra de Adam Smith e tentou ampliá-la. Desenvolveu uma lei, segundo a qual a oferta cria sua própria demanda. Isso significa dizer que, para produzir mais produtos, são necessários mais trabalhadores, o que requer mais gente com dinheiro para gastar, que, por sua vez, requerem mais produtos, de modo que o ciclo se fecha e recomeça. Essa ideia, por mais que faça sentido no campo conceitual, tem o grave problema de não considerar o aumento e o desenvolvimento da tecnologia para a criação de bens de consumo.

Além disso, a lei de mercado de Say tinha outras proposições, como:

1. o dinheiro é apenas o meio de troca, o que significa dizer que ele tem que ser gasto ou não existe;
2. pessoas têm desejos insaciáveis para o consumo e para o investimento, logo não há limites para a possibilidade de gastos;
3. as taxas de juros equivalem à poupança e aos investimentos, isto é, o consumo mais a poupança da renda de um ano é igual ao consumo mais o investimento, dando origem à renda do ano seguinte;
4. todos os preços, incluindo salários, são flexíveis, o que significa que todos os mercados estão livres se não tiverem nenhum produto a vender.

Com isso:

1. não haverá nem superprodução nem produção a menos;
2. a economia tende a um equilíbrio de pleno emprego;
3. não existe algo como tempo de vida de um negócio;
4. qualquer parcial superprodução ou subprodução é apenas temporária e se resolverá ao longo do tempo (Medema; Samuels, 2013).

No entanto, essa lei de mercado não se provou correta ao longo do tempo e um de seus maiores críticos foi Karl Marx.

Quando se trata de economia política, o principal nome a surgir em nossa mente deve ser **Karl Marx**. Quer você goste de suas ideias, quer refute-as, é impossível estudar essa área do conhecimento sem os trabalhos do filósofo alemão, nascido em 1818 e morto em 1883, que obteve seu doutorado em Filosofia aos 23 anos. Graças a suas ideias políticas, Marx foi banido de seu país natal e morou um tempo em Paris, na França, e, depois, mudou-se para Londres, na Inglaterra, onde escreveu seus principais trabalhos. Nesta seção, vamos nos concentrar mais na biografia de Marx, haja vista que suas ideias percorrerão todo o restante desta obra.

A teoria de Marx desenvolveu-se enquanto a sociedade em que vivia passava por profundas transformações. Alemanha e Inglaterra, dois países que, como todos os demais, eram agrários, começaram a se industrializar. Com isso, surgiu uma nova classe social, a dos empregados assalariados, como já mencionamos na abordagem sobre o trabalho de Adam Smith, de 90 anos antes, e a quem Marx fez sua crítica. A diferença é que, no tempo de Smith, estávamos na Primeira Revolução Industrial, praticamente ocorrida apenas na Inglaterra, com a introdução das máquinas para "ajudar" os trabalhadores e o início da divisão social do trabalho. Agora, com Marx, estamos na Segunda Revolução Industrial, na qual a tecnologia se desenvolveu muito rapidamente, com o avanço do uso da eletricidade, do aço e dos motores movidos a combustíveis fósseis. Karl Marx chamava as pessoas que trabalhavam nos meios de produção de outra pessoa de *proletários* e considerava que esse novo grupo era explorado pelos detentores dos meios de produção, ou seja, pelos donos das empresas.

É importante salientarmos que existem pelo menos duas perspectivas de Marx a serem destrinchadas: uma política, na qual defendia que os proletários deviam se revoltar e tomar o poder das fábricas à força; e uma econômica, na qual tentava analisar o fenômeno que estava ocorrendo ali, diante de seus olhos. Socialmente falando, com a chegada dos assalariados, não apenas a forma de trabalho das pessoas mudou, mas todo o mundo se transformou. Surgiram novos conceitos de moralidade, formas de viver, proposições políticas e maneiras de compreender o mundo (Medema; Samuels, 2013).

O impacto da tecnologia foi tão grande no período que, para Marx, graças a ela a humanidade poderia andar – supostamente – para frente. Nesse sentido, Marx é um determinista, ou seja, acredita que a tecnologia é autônoma, que se move independentemente da ação humana, além de ser o que nos distingue dos outros animais. Os homens e as mulheres, por mais que se esforcem, não conseguem deter essa força. Para ele, a tecnologia mandava nos seres humanos, e não o contrário. Dizia que cabia a nós nos adaptarmos a ela, e não o contrário. Além disso, acreditava ser a tecnologia neutra, ou seja, ela é criada e as pessoas decidem o que fazer com ela, para o bem e para o mal (Feenberg, 2003).

Bem, basta ver o mundo da segunda década do século XXI para perceber que várias dessas concepções estão certas. Atualmente, uma ferramenta de buscas nos diz o que é verdade no mundo, nossas relações sociais são mais feitas por meio de telefones celulares do que cara a cara e este texto foi escrito no editor de textos de um computador. Nós temos que nos adaptar a essas ferramentas. Minha busca é feita em forma de palavras-chave para que o Google consiga encontrar o que eu quero, você passa horas rolando a barra do Facebook sem fazer nada de realmente interessante, e o Microsoft Word no qual estas linhas foram escritas sublinha cada nome próprio digitado. Todos nós precisamos nos adaptar à tecnologia, ou ficamos de fora do mundo.

Para Marx, quem dominava a tecnologia conseguia dominar um número enorme de seres humanos. Vamos lá: Larry Page e Sergey Brin, os donos do Google, decidem como devemos pesquisar. Mark Zuckerberg decide o que vai e o que não vai aparecer em nossas linhas do tempo. Bill Gates decide se podemos colocar cada letra de uma cor em determinada frase ou não. Nos tempos de Karl Marx, a tecnologia não era digital, mas o dono da fábrica utilizava mão de obra que chegava a trabalhar 12 horas por dia sem intervalos. Para o pensador alemão, as exaustivas horas de trabalho acabavam por alienar o cidadão, que sequer tinha tempo de pensar, quem dirá de conversar com outros trabalhadores e organizar um movimento contrário às regras impostas.

De acordo com Marx, apenas quando se unissem, os trabalhadores conseguiriam impor suas vontades e fazer com que os meios de produção – e o dinheiro gerado por eles – fossem mais bem geridos. A ideia central aqui é a do **ser social**, ou seja, o indivíduo só se completa na sociedade em conjunto com outras pessoas que pensam como ele ou que discordam dele. Marx e sua compreensão do ser social foi um dos três maiores nomes do pensamento contemporâneo, ao lado de Nietzsche, com sua ideia de vontade de poder, e Freud, com a descoberta do inconsciente (Foucault, 1997).

Outra enorme contribuição de Marx que não diz respeito diretamente à economia política é seu estudo da dialética, que ele deve ao filósofo alemão Hegel. Nesse caso, para formar uma ideia, são necessárias duas ideias antagônicas que, juntas, se transformam e viram uma síntese mais forte do que ambas. Seria mais ou menos assim: uma pessoa tem uma ideia (tese); alguém lhe apresenta uma ideia contrária (antítese); as duas ideias conversam; forma-se uma síntese, que, por sua vez, é uma ideia (tese); e toda ideia tem uma antítese. E assim o ciclo segue, infinitamente: tese, antítese, síntese. É importante destacarmos que a síntese é mais forte do que a tese e a antítese e eleva a discussão a um patamar mais alto.

Vejamos um outro exemplo, bem rasteiro. Digamos que determinado rapaz tenha carne moída e queira fazer macarrão à bolonhesa (tese). Sua esposa diz que não quer macarrão à bolonhesa e sugere fazer bolinho de carne frito (antítese). Os dois, então, decidem fazer macarrão com molho de bolinho de carne (síntese).

Por fim, podemos dizer que as ideias de Marx foram tão impactantes que existe uma corrente filosófica e política com seu nome, o marxismo, do qual você já deve ter ouvido falar. Para o bem e para o mal, essa corrente é o que se opõe ao capitalismo liberal pregado por Smith. O embate (ou diríamos tentativa de síntese?) entre ambas as correntes econômicas e políticas sustentou o mundo da economia no século XX e ainda o sustenta na atualidade.

Ideias tão fortes quanto as de Marx não são facilmente rebatidas ou mesmo discutidas. Portanto, nosso próximo nome é o principal do liberalismo contemporâneo, **John Maynard Keynes**, economista inglês que nasceu em 1883 e faleceu em 1946. Neste livro, também falaremos muito de suas ideias, mas agora nos concentraremos mais em sua biografia e nos pontos centrais de seu pensamento.

Keynes já era economista quando a Grande Depressão estourou nos Estados Unidos. Esse acontecimento foi uma consequência direta da Primeira Guerra Mundial, que durou de 1914 a 1918 e deixou os países europeus destruídos. Os Estados Unidos, do outro lado do oceano, lucraram muito, já que vendiam armamentos durante o período de conflito e, posteriormente, insumos para a recuperação das nações afetadas. Isso durou mais ou menos dez anos, até 1928. Nesse período, os estadunidenses viveram uma época de esplendor, com uma prosperidade até então jamais vista. O Estado trabalhava a pleno emprego. Por causa das enormes vendas, os preços dos produtos caíram e as pessoas consumiam bens e serviços como nunca antes no país. Além disso, havia uma expansão mês a mês do crédito. Empréstimos eram tomados de bancos por juros cada vez mais baixos, e tornou-se comum o parcelamento de produtos de maior valor. Foi uma época de ouro para os Estados Unidos.

Tudo isso estava relacionado às vendas para a Europa devastada. Só que os países europeus se recuperaram em dez anos e começaram a produzir por si mesmos aquilo que antes importavam dos Estados Unidos. Subitamente, as empresas estadunidenses não tinham mais para quem vender. Com mais mercadorias do que possíveis consumidores, a oferta logo se tornou maior do que a demanda. Com isso, as fábricas foram obrigadas a diminuir a produção e o desemprego chegou aos lares estadunidenses.

As fábricas e as empresas tiveram uma queda brutal em seus lucros, em consequência disso, no dia 24 de outubro de 1929 (também conhecido como *quinta-feira negra*), as ações da bolsa de Nova Iorque despencaram e milhares de acionistas perderam, de um dia para o outro, milhões de dólares. Alguns perderam tudo o que tinham. Com essa perda do capital por parte dos acionistas combinada com a recessão já existente por conta da baixa demanda de produtos, inúmeras empresas tiveram de fechar suas portas e o desemprego cresceu acentuadamente no país.

É importante destacar que a Crise de 1929 não se restringiu aos Estados Unidos. Em um mundo já globalizado, seus efeitos estenderam-se por todo o globo, tal que o Produto Interno Bruto (PIB) mundial caiu cerca de 15% entre 1929 e 1932. Algumas nações, como a União Soviética (URSS), que era comunista, portanto, fechada ao comércio além de suas fronteiras, sofreram menos; outros, como Brasil ou Chile, tiveram dificuldade em vender seus produtos agrários, o que levou à industrialização forçada. De qualquer modo, a crise foi devastadora (Hobsbawm, 1995).

Keynes estava lá, assistindo de camarote. Aliás, ele havia advertido, alguns anos antes, que esse problema poderia ocorrer. Suas visões pouco ortodoxas do capitalismo serviram para explicar o cenário pós-Crise de 1929: um mundo mais globalizado, interdependente e que não era mais explicável apenas pelos números frios de Smith ou a luta de classes de Marx. Keynes incorporou alguns conceitos psicológicos em seus escritos, principalmente sobre a questão de poupança e investimento, além de explicitar que os governos deveriam abandonar o ouro como moeda de lastro e fazer uma enorme reforma monetária. Ele preocupou-se com os possíveis efeitos de fatores econômicos, como desemprego, inflação e crescimento populacional, que modificavam drasticamente a conjuntura, sobre o bem-estar da população. Concluiu que o desequilíbrio entre poupança e investimento era uma causa de instabilidade no sistema capitalista, rejeitando a teoria de Say de que a oferta gera a demanda. Também estudou os efeitos da atividade econômica, do emprego e do desemprego nas populações (Carvalho, 2020).

Keynes convenceu os economistas de que o problema da macroeconomia existia e de que desequilíbrios nas áreas de entrada e saída de capitais e níveis de emprego eram problemas a serem estudados e enfrentados. Também discutiu sobre a questão psicológica que envolve o porquê de as pessoas pouparem em vez de investirem. Teorizou, ainda, sobre o papel da taxa de juros e sua relação com a liquidez do dinheiro e analisou o papel do governo no tangente às políticas públicas de controle de danos econômicos, como inflação ou níveis de emprego. Para ele, o governo tem como dever agir com foco no pleno emprego e no controle inflacionário. Em uma visão bastante heterodoxa, Keynes indicou que benefícios como redução de preços ou carga de trabalho eram incompletos. Um decréscimo no nível de preços pode aumentar o valor real do balanço de caixa de uma empresa ou governo e pode ser usado para conter uma recessão. Enfim, propôs uma revisão bastante grande de conceitos até então tidos como certos na economia (Medema; Samuels, 2013).

Outro nome importante na teoria econômica é o de **Milton Friedman**, nascido em 1912 e morto em 2006, ganhador do prêmio Nobel de economia em 1976. De acordo com esse pensador, o rendimento é resultado de duas forças: uma permanente, que poderia ser o salário do indivíduo, sua aposentadoria ou até a renda de um aluguel; e outra temporária, como um bônus da empresa, uma herança ou uma renda inesperada. Ele dizia que, se uma pessoa ganhasse 100% a mais em um mês, não gastaria esses 100%. Mesmo que seu salário dobrasse, provavelmente levaria muito tempo para dobrar seu custo de vida, se algum dia dobrasse. Para exemplificar: digamos que um funcionário recebe R$ 1.000,00 por mês e, em janeiro, ganhou um bônus da empresa de R$ 500,00. Muito provavelmente ele não gastou R$ 1.500,00 em fevereiro. É mais provável que tenha gastado

R$ 1.100,00 ou 1.200,00. Caso começasse, a partir de fevereiro, a ganhar R$ 1.500,00 todos os meses, demoraria ainda algum tempo para que o aumento de seus gastos acompanhasse seu novo patamar salarial.

Além disso, Friedman foi a principal voz contrária aos keynesianos. Os adeptos de Keynes davam muita importância às políticas fiscais governamentais, como ajustes de taxas de imposto e controle de gastos. Friedman, por sua vez, pensava que o crescimento econômico do país teria que vir da oferta monetária. Para ele, criar mais receita significa gastar mais, portanto produzir mais produtos e contratar mais trabalhadores, de modo a, justamente, gerar mais receita, recomeçando o ciclo. Ele também argumentava que o desemprego é um subproduto do capitalismo, sendo algo natural, desde que mantido em taxas baixas (Dana, 2017).

Fechamos nossa lista com a economista **Shoshana Zuboff**, estadunidense nascida em 1951, que se dedica a desvendar as facetas do capitalismo de vigilância, ou seja, a forma como plataformas de buscas e redes sociais digitais extraem nossos dados para que sejam utilizados comercialmente por empresas terceiras. Como psicóloga social, teve grande influência na área de administração da Universidade de Harvard até sua aposentadoria, em 2004.

Zuboff busca compreender a influência das máquinas computadorizadas em nossas vidas profissionais, bem como a influência disso em nosso comportamento pessoal, em nossas escolhas de vida e em nossos relacionamentos.

— 1.2.1 —
Liberalismo

O mundo da economia parte sempre de duas visões de mundo diferentes e, muito comumente, conflitantes. Deixar você, leitor, apenas com uma delas seria um desserviço a sua formação. Por isso, neste tópico apresentaremos as bases da teoria liberal e no próximo, as bases da teoria marxista, que se contrapõe àquela. É bom lembrar que essas subseções levantarão alguns assuntos muito importantes que serão aprofundados ao longo deste livro.

A **teoria liberal** da economia começa a se desenvolver com os escritos de Adam Smith. Conforme indicamos anteriormente, essa teoria foi estruturada quando o mundo estava em franca transformação por conta da Primeira Revolução Industrial. Desse modo, podemos dizer que a **teoria liberal clássica** se orientou pelo mundo do século XVIII, muito diferente do nosso. Por isso mesmo, ao lermos as ideias de Smith, não podemos levá-las ao pé da letra em todas as suas consequências.

Todavia, a obra de Smith representou uma mudança radical no pensamento da época, a começar pela própria definição de riqueza. Até a escrita de A *riqueza das nações*, havia duas definições complementares de riqueza: uma delas relacionava-se à posse de metais preciosos, reconhecidos como valiosos em todo o mundo, por serem duráveis, maleáveis e aceitos universalmente; a outra dizia respeito à terra e a sua produção, ou seja, à agricultura e à pecuária, e considerava que era mais rico o país com mais terras produtivas.

Smith rompeu com esses paradigmas e propôs que riqueza é o conjunto dos bens que ajudam a melhorar a vida da população, dos mais ricos aos mais pobres. Os metais ou as pedras preciosas em si, para o autor, não têm valor, só o adquirem quando são efetivamente trocados por algum bem de consumo. Ele enxergou o outro como meio, e não como fim. Para a doutrina liberal, a origem de todas as riquezas é o trabalho do indivíduo. Por isso mesmo não cabe a uma instituição definir as coisas econômicas.

Uma das principais questões defendidas pelos liberais é a não intervenção do Estado na economia. Em seus escritos econômicos, Smith afirmava *"laissez faire, laissez passer"*, que, em francês, significa "deixe fazer, deixe passar", sugerindo que o Estado não deveria intervir na livre concorrência, no câmbio ou na propriedade privada. O Estado, nessa concepção, deveria se encarregar da defesa contra ameaças internas e externas, ou seja, cuidar da defesa nacional e do combate à violência. Além disso, também seria uma função estatal a realização de obras públicas que não fossem ou não pudessem ser realizadas pela iniciativa privada (Bobbio, 1992).

Com base nesse pensamento, o indivíduo ou as empresas são os reguladores da sociedade, acima dos quais existe o mercado. Caso haja algum tipo de distorção na sociedade, o próprio mercado, com seus sistemas de pesos e contrapesos, consegue corrigi-la de forma natural. Um exemplo simples: se uma empresa está cobrando muito caro por um sapato, as pessoas, naturalmente, comprarão os sapatos de outra empresa, e aquela terá que baixar seus preços. Por outro lado, se uma empresa cobra barato demais pelos sapatos, não conseguirá pagar suas contas, irá a falência e sairá do mercado. Nesses casos, trata-se dos efeitos daquilo que os liberais chamam de *mão invisível do mercado*.

Para o ideal liberal, deveria existir sempre a livre concorrência, ou seja, as próprias empresas decidiriam o que produzir, como produzir e qual seria o valor de cada produto. Assim, na competição, haveria um equilíbrio que ajustaria o valor das mercadorias de forma que os consumidores conseguiriam comprá-las, gerando lucros para as empresas. Ao obter lucro, uma empresa ampliaria sua produção. Para tanto, contudo, precisaria de mais mão de obra. Com mais gente trabalhando nas fábricas, mais pessoas poderiam comprar produtos, o que geraria mais lucros para as empresas e forçaria um novo aumento da produção. Nesse ciclo ascendente da economia, o mundo viveria bem.

Para deixar mais claro, imagine uma fábrica de chocolates que produz 1.000 chocolates ao custo de R$ 1,00 cada. Os doces são vendidos, em uma banca na frente da fábrica, por R$ 2,00 (nesse exemplo, não pensaremos em toda a cadeia de distribuição, mas apenas em números simples). Essa fábrica lucrou 100%, ou seja, R$ 1.000,00. Como os chocolates se esgotaram em 10 minutos, a empresa decidiu produzir 2.000 chocolates. Contudo, não tinha funcionários para isso, de modo que foi obrigada a contratar. Quando ela contrata, mais pessoas têm R$ 1,00 para comprar chocolates. No terceiro dia, foram vendidos rapidamente os 2.000 chocolates, muitos deles aos novos empregados. Diante disso, a fábrica decidiu produzir 3.000 chocolates e, novamente, precisou contratar mais pessoas para essa produção. Os novos funcionários passam a poder comprar chocolates também, o que motivou a produção de 4.000 chocolates no quinto dia, 5.000, no sexto, e assim sucessivamente.

Nesse processo, o dono da empresa ficaria cada vez mais rico. Aí entra outro preceito da teoria de Smith, segundo o qual, o egoísmo de um indivíduo seria prejudicial à sociedade, mas o caráter egoísta de inúmeros, cada um querendo ganhar mais do que o outro, conduziria a uma harmonia social, já que a ganância levaria a uma competição cada vez maior e mais saudável. Como assinalamos, se a ganância de um produtor o forçar a cobrar mais caro por suas mercadorias, outro produtor, com a ganância de dominar uma fatia do mercado, começa a baratear as suas, obrigando que o primeiro, para sobreviver, volte a abaixar seus preços (Heywood, 2010).

Obviamente, os exemplos dados são simplistas e nem de longe revelam a complexidade do mercado. No entanto, servem apenas a título de ilustração para compreendermos de maneira simplificada do tema, além de permitir verificarmos outra definição importante: o tamanho do mercado — não adianta produzir

5.000 chocolates se existem apenas 1.000 pessoas dispostas a comprá-los.

O liberalismo sustenta que existe uma capacidade de consumo de determinado produto em uma sociedade. Em caso de saturação, o produtor, percebendo que está ganhando menos, abandona o segmento e prepara outra empresa para outra necessidade social. Assim, o número de empresas no primeiro segmento diminui, mas as que restam dão conta de produzir o que a comunidade precisa para aquele dado momento. Nesse cenário, novamente a mão invisível regula os mercados.

A economia, portanto, deveria funcionar de acordo com decisões completamente impessoais, impulsionadas apenas por suas leis. Assim como a gravidade rege o movimento dos corpos na superfície da Terra, a lei da oferta e da procura deveria regular cada componente do mercado. Para Smith e seus seguidores, nenhum empresário, produtor ou dono de fábrica é capaz de determinar o preço de um produto. Isso porque esses valores são oriundos do mercado, das forças de atração e repulsão da oferta e da procura, isto é, do número de produtos colocados à venda e da quantidade de pessoas dispostas a comprá-las. Uma empresa poderia decidir cobrar R$ 10.000,00 em uma barra de chocolate, porém pouquíssimas pessoas estariam dispostas a pagar esse valor pelo doce.

Podemos dizer o mesmo dos salários. Vamos supor que, para realizar determinada atividade, os profissionais especializados cobram, em média, R$ 1.000,00. Se um empregador oferecer apenas R$ 500,00 pelo trabalho, provavelmente poucas pessoas se interessarão, e aqueles que demonstrarem interesse provavelmente terão qualificações ruins. Se o empregador fizer o contrário e oferecer R$ 2.000,00, ele precisará dobrar sua produção e suas vendas para conseguir pagar esse trabalhador, o que nem sempre é possível. Ou, ainda, para pagar o salário duplicado do profissional, terá que reduzir o salário de outros empregados, o que não parece ser uma ideia muito inteligente, já que, consequentemente, esses trabalhadores se deslocarão para outras empresas, normalmente concorrentes.

Como podemos observar, trata-se de uma teoria muito lógica, que realmente faz sentido do ponto de vista pragmático e fazia muito mais sentido quando foi elaborada. Os problemas desse modelo começaram depois, com a introdução cada vez maior das máquinas no setor produtivo. Smith e seus correligionários pensavam em um mundo no qual apenas um homem pudesse fazer o trabalho de um homem, não uma máquina. No entanto, desde o século XIX, se um dono de fábrica quisesse aumentar sua produção, poderia, em vez de contratar dez trabalhadores, simplesmente comprar mais uma máquina. Nesse caso, a espiral ascendente se rompe, já que o aumento na produção não se reflete em mais dinheiro no mercado e menos pessoas podem comprar os produtos. No exemplo anterior, a empresa compraria outra máquina e produziria os 2.000 chocolates, mas não teria como vender todos, uma vez que apenas 1.000 pessoas teriam dinheiro para gastar em doces.

É justamente esse tipo de contradição ou de distorção que o marxismo, elaborado 90 anos depois, com a obra *O capital*, de Karl Marx, procura desvendar.

— 1.2.2 —
Marxismo

O **marxismo**, como dissemos, é baseado na obra máxima de Karl Marx. Já falamos muito sobre ele quando discutimos um pouco de sua história. Neste momento, abordaremos algumas das premissas básicas dessa teoria, que se desdobrou em tantos campos das ciências sociais ao ponto de, hoje, ser um dos pilares da compreensão do mundo ocidental, tanto para quem concorda quanto para quem discorda dela.

As ideias econômicas de Marx originaram-se como críticas ao liberalismo. É sempre bom lembrar que as teorias de Smith foram elaboradas 90 anos antes das de Marx. Portanto, o mundo havia mudado de forma substancial, sobremaneira na Alemanha e na Inglaterra, onde a Segunda Revolução Industrial estava em curso em 1867. O mundo em que Smith escreveu era um; aquele em que Marx escreveu, outro.

O livro com as ideias econômicas e sociais de Marx foi chamado *O capital* e consumiu cerca de 15 anos de pesquisas do pensador alemão. Seu primeiro tomo foi lançado, como assinalamos, em 1867. Outros dois volumes foram lançados após o falecimento do autor: o segundo tomo, em 1885, e o terceiro, em 1894.

Esses volumes póstumos foram organizados por seu fiel amigo Friedrich Engels, com base em inúmeras anotações, bilhetes e fragmentos deixados por Marx.

É interessante destacar que, quando o primeiro livro chegou às lojas, não fez nenhum sucesso, foi praticamente ignorado. Isso se deu porque – até hoje – se trata de um livro de difícil leitura. O texto reúne filosofia, conhecimentos econômicos, históricos e sociológicos com muitas páginas de referências e notas explicativas, o que normalmente afasta boa parte dos leitores. Além disso, em sua primeira edição tinha mais de mil páginas. Para deixar tudo um pouco mais complexo, Marx tinha aspirações literárias com a escrita da obra (Fonte, 2020), então utilizou palavras e estruturas textuais de difícil assimilação para os leitores da época.

De qualquer forma, o livro, principalmente a partir do século XX, tornou-se um marco e uma nova forma de compreender o mundo e suas estruturas econômicas. Uma de suas principais inovações foi pensar a economia não mais como uma ciência do dinheiro, mas como uma ciência social. Nesse sentido, Marx (2011) buscou desenvolver uma teoria que conseguisse explicar os comportamentos sociais dos indivíduos e, principalmente, das classes sociais.

Os números, portanto, importam menos na teoria marxista, sendo mais relevantes os aspectos sociais. Marx analisou o comportamento dos donos dos meios de produção (a burguesia), dos trabalhadores das fábricas (o proletariado) e, até mesmo, daqueles que não tinham (e não teriam) trabalho (o lumpemproletariado).

Com o fim do feudalismo e a introdução das máquinas no sistema produtivo, a sociedade reestruturou-se e uma nova classe social emergiu com muita força: a **burguesia**. A palavra *burguesia* vem de *burgo*, uma configuração de cidade que começou a se formar na Europa, sobretudo na Inglaterra e na Alemanha, no final da Idade Média. Os burgueses eram os comerciantes, os fabricantes de produtos e os banqueiros que comandavam o burgo e geriam a vida de seus habitantes. Tomando a palavra emprestada para sua teoria, Marx diz que os burgueses são aqueles que controlam os meios de produção e, portanto, dominam a classe operária.

A título de ilustração, vamos imaginar uma fábrica. O burguês, dono da fábrica, decide o valor que paga a seus funcionários, ao mesmo tempo que dita o preço de seus produtos. Se é uma fábrica de calçados, por exemplo, o dono determina que um chinelo custa R$ 10,00, os trabalhadores recebem R$ 2,00 por hora e trabalham 70 horas por semana (Fausto, 2016). No final do século XVIII, os trabalhadores trabalhavam 70 horas por semana e recebiam uma miséria.

Em contraposição a essa força do capital que era o burguês, na teoria marxista, surgiram os trabalhadores, ou seja, os **proletários**. A palavra *proletário* vem do latim *proles*, que significa "filho". Na Roma Antiga, essa palavra era utilizada para descrever pessoas que não tinham posses, nem terras e cujo sustento vinha unicamente de sua força de trabalho. Nesse cenário da Antiguidade, o termo era empregado de modo bastante depreciativo, ao passo que Marx, diferentemente, identificava no proletariado a força da sociedade e ressignificava o conceito.

Conforme Marx, proletário é aquele que só pode vender sua força de trabalho e mais nada. Não possui terras para negociar ou bens para vender. Depende unicamente de uma habilidade comprada pelo burguês em forma de salário. Mais ou menos assim – como no filme de Chaplin, *Tempos modernos*, de 1936: um sujeito tem a habilidade de apertar parafusos. O burguês então o contrata para passar o dia realizando essa atividade. Desse modo, o sujeito está vendendo seu tempo, sua habilidade e sua força de trabalho para um burguês, que espera lucrar com o resultado desse apertar de botões. Caso não obtenha lucro, o burguês simplesmente o demite, e esse cidadão fica à mercê de outro burguês que queira contratar um apertador de botões. Na teoria de Marx, um trabalhador sozinho é sempre dependente do burguês que lhe dá emprego, portanto, isoladamente, é o elo fraco da corrente.

Por isso mesmo, na parte política de sua obra econômica, Marx prega a revolução do proletariado, ou seja, que a massa de trabalhadores reivindique e tome para si os meios de produção e então transforme o Estado, comandado pela burguesia, em um Estado comandado pelas classes trabalhadoras. Assim, para o pensador, teríamos uma sociedade mais justa, já que há muito mais trabalhadores do que burgueses.

Na teoria marxista, há, ainda, espaço para o **lumpemproletariado**, que o pensador abomina. A palavra *lump*, em alemão, significa "trapo", "farrapo" ou, mais comumente, "desprezível". Esse contingente de pessoas compreende os miseráveis, os que não são capazes de se organizar, os que vivem à margem da sociedade e, portanto, são mais suscetíveis de servir aos interesses burgueses, porque estão famintos e desorganizados. Marx e Engels citam como lumpemproletariado os ladrões, os marginais, as prostitutas etc. (Marx; Engels, 2007).

Essa disputa pelo poder entre burguesia e proletariado (já que o lumpemproletariado é ignorado) foi chamada por Marx de **luta de classes**. De acordo com o pensador, os proletários precisariam se unir para, com seu maior número, retirar a burguesia do poder. Essa luta seria travada diariamente mundo afora e poderia assumir diferentes formas: da mais extrema, com violência direta, como as guerras pela mão de obra barata, até as mais sutis, mas não menos danosos, como o desemprego, que gera pobreza, fome, doenças, morte e desespero. Além disso, existiriam a guerra psicológica, como as pressões pela ameaça da perda de emprego. Nesse contexto, o contra-ataque do proletariado ocorreria por meio de sua organização na forma de sindicatos, das greves e da eterna busca por melhores condições de trabalho. O ponto extremo dessa luta seria o proletariado pegar em armas e subjugar os burgueses, assumindo, pela força, o controle das fábricas.

Em relação à economia política, Marx debate amplamente o fato de que é interessante para a burguesia e para os governantes que os proletários vivam em alienação, ou seja, que não percebam suas condições reais de trabalho. Novamente utilizando o exemplo do filme *Tempos modernos*, de Chaplin, podemos dizer que o trabalhador não tem consciência da totalidade do produto ou mesmo da totalidade da produção. Pensemos no apertador de parafusos. Ele não sabe o que seu colega ao lado está fazendo, tampouco sabe para que serve o parafuso apertado ao longo do processo produtivo daquilo que a fábrica (e não ele) está produzindo. Mais ainda, não sabe o valor que aquele parafuso tem no produto final ou na margem de lucro da empresa. Ele desconhece o valor agregado de seu trabalho.

Se o sujeito não sabe para que está trabalhando, perde a noção de quanto vale seu esforço e fica à mercê do quanto o burguês deseja lhe pagar. Assim, o trabalhador é expropriado de sua própria dimensão de trabalho. O pensador alemão, no entanto, vai além. De acordo com suas proposições, o ser humano constitui-se com base no trabalho, portanto, a humanidade de cada indivíduo se dá pelo trabalho, na medida em que este sabe como sua ação produtiva influencia a sociedade em que vive. Um médico, por exemplo, sabe que ajudou a salvar a vida de uma pessoa, e isso lhe faz bem, torna-o humano. Um trabalhador fabril, porém, não sabe da dimensão de sua contribuição para a sociedade. Assim, por meio da alienação, o indivíduo perde sua liberdade e também sua humanidade. Marx argumenta que, nesse contexto, o homem acaba sendo apenas força de trabalho e transforma-se em coisa (Marx, 2011).

Com essa alienação, é impossível existir uma consciência de classe, ou seja, um trabalhador não compreende que seu colega ao lado passa pelos mesmos problemas que ele. Dada a natureza egoísta do ser humano, o sujeito acaba preocupando-se apenas com seus problemas, com sua exploração, sem identificar no outro uma força que pode combinar-se a sua na busca por melhores condições de vida.

Para Marx, quando a maior parte dos trabalhadores tiver consciência de sua classe, vai lutar e conseguir o que deseja. Pensemos novamente no apertador de parafusos. Caso todos os apertadores de parafusos se identifiquem como uma classe, podem fazer com que seu salário aumente. Basta que todos (sem nenhuma exceção) decidam não trabalhar por um valor menor do que o estipulado por eles. Se todos aderem, não resta alternativa ao dono da fábrica, já que os parafusos precisam ser apertados.

Por esse motivo, o dono da fábrica faz de tudo para evitar que os trabalhadores se articulem e criem essa consciência. A melhor forma de fazer isso, como vimos, é alienar o trabalhador do produto resultante de seu trabalho. O dono da fábrica normalmente também procura fazer com que os trabalhadores não se encontrem. Para isso, basta dar muito trabalho, de forma que eles não tenham tempo de conversar, ou dividir a fábrica em baias, isolando cada sujeito, que fica concentrado apenas em seu trabalho. No entanto, a mais insidiosa de todas as formas de manutenção desse *status quo* é a criação da escassez de postos de trabalho. Nesse caso, estimula-se o desemprego. Em uma sociedade com muito desemprego, as pessoas estão desesperadas, portanto submetem-se a certos controles e alienações que não se submeteriam se não estivessem naquela situação. Se o empregador ameaça demitir todos que se encontrarem e a situação geral é de desemprego, naturalmente as pessoas terão medo de se encontrar. A estimulação do medo é a mais perniciosa das formas de controle.

Outra questão central na obra de Marx, e que devemos considerar, é a relação com a tecnologia. Como sinalizamos anteriormente, para o autor, a tecnologia é fundamental na história e a humanidade está fadada a ser dominada por ela. Isso porque o desenvolvimento tecnológico determina como nossa espécie seguirá, principalmente no campo produtivo. Por exemplo, a tecnologia dita o tipo de arado que utilizaremos ou, no século XXI, como nos comunicaremos por meio de nossos *smartphones*. A questão central, entretanto, é o fato de que a tecnologia não é determinada pelos proletários, e sim pelos burgueses; ainda que aqueles ajudem a desenvolvê-la, a ação efetiva é tomada por estes. Em suma, trata-se de mais uma forma de a burguesia levar vantagem na luta de classes.

A tecnologia também é um acessório para a alienação do sujeito. Por exemplo, a escrivaninha projetada por Taylor no final do século XIX, com suas paredes altas, praticamente impedia o indivíduo de comunicar-se com o colega ao lado. Atualmente, podemos pensar no "computador da empresa", por meio do qual o indivíduo é monitorado o tempo todo.

O último dos conceitos que apresentaremos neste tópico é tão importante que será retomado em diversos pontos mais adiante. Trata-se de uma das contribuições mais interessantes de Marx para o estudo da economia política: a definição de **mais-valia**. Falaremos mais sobre a mais-valia quando discutirmos o excedente econômico, mas é importante, neste momento, definirmos essa concepção.

Esse conceito é importante porque revela o que está por trás das relações de trabalho. Mais-valia é o excedente que o trabalhador dá a seu empregador. Em uma sociedade industrializada, o trabalhador é pensado como uma mercadoria, ou como um insumo, o qual, da mesma forma que todos os demais, depois de processado, deve gerar lucro. Assim, aquilo que o assalariado cria com seu trabalho vale mais do que o necessário para viver. O lucro do burguês vem da diferença entre os dois, ou seja, da diferença entre o quanto se paga para um trabalhador e o quanto ele produz de riqueza para a empresa (Marx, 2011).

Para exemplificar, pensemos em uma grande cadeia de lanchonetes. Para fazer um sanduíche, são necessários os seguintes insumos: hambúrguer, alface, queijo, molho, cebola, picles e pão. Um hambúrguer custa R$ 1,00; uma folha de alface, R$ 0,05; uma fatia de queijo, R$ 0,50; o molho, R$ 0,50; a cebola, R$ 0,10; a fatia de picles, R$ 0,05; o pão, R$ 0,30. Portanto, os insumos do sanduíche custam R$ 2,50. A pessoa para montar o sanduíche, porém, também entra na conta. Esse trabalhador, tal qual a fatia de picles ou o molho, é colocado na lista de insumos, e seu valor por hora é cerca de R$ 1,50; em nossa hipótese, ele faz apenas um sanduíche por hora. Portanto, para ser fabricado, o sanduíche custa R$ 4,00. Como o lanche é vendido a R$ 20,00, podemos considerar que o lucro da empresa é R$ 16,00 por unidade, já levando em consideração o custo de seu funcionário.

Essa conta muitíssimo simples (e incompleta, pois há inúmeros outros elementos a considerar) revela a disparidade do sistema e mostra como os donos dos meios de produção se beneficiam do trabalhador. O cálculo demonstra como o fosso entre ricos e pobres tende a crescer, pois o trabalhador pobre sempre aumenta sobremaneira o montante financeiro daquele que detém os meios de produção.

Para Marx, há ainda um agravante, já que o trabalhador é o elo fraco dessa corrente de insumos, e, em muitos casos, o único pressionável. O dono da hamburgueria não pode fazer a cebola ficar mais barata, ou a vaca produzir um leite menos caro, mas pode pressionar o trabalhador a trabalhar mais horas pelo mesmo salário ou a trabalhar mais nas horas em que está disponível para a empresa. Desse modo, toda a pressão do sistema produtivo recai sobre os ombros dos proletários, que, na fábrica, são obrigados a produzir mais. Ainda que o indivíduo continue ganhando o mesmo salário, a intenção do dono da fábrica é aumentar a mais-valia do funcionário. Se antes ele ganhava R$ 1,50 para produzir um sanduíche e a empresa lucrar R$ 16,00, agora seu chefe pressiona-o, e ele precisa produzir dois sanduíches pelo mesmo salário ou será demitido. Sua mais-valia, assim, dobra, pois gera R$ 32,00 de lucro.

Essa concepção é central na teoria marxista de economia, porque mostra como se dá a relação entre as classes sociais e também justifica o estado de coisas do mundo capitalista, tanto do ponto de vista econômico, com as grandes fortunas e as formas de enriquecimento, quanto do ponto de vista sociológico, com os embates entre as classes e as convulsões sociais que de tempos em tempos acabam surgindo por conta dessa exploração desmesurada. Além disso, a mais-valia é essencial para entendermos a teoria do valor, exposta na subseção a seguir.

— 1.2.3 —
Teoria do valor

A economia, como indicamos, é uma ciência social quantificável. Contudo, trata-se de quantificar o quê? Não é apenas a quantidade de dinheiro, é muito além disso, já que o dinheiro em si sequer consegue ser igual em todos os países – R$ 1,00 vale menos que US$ 1,00, que, por sua vez, vale menos que £ 1,00 (uma libra inglesa). Assim, podemos dizer que existem duas maneiras diferentes de definir o valor das coisas.

Uma das maneiras, em grande parte já superada, retira o valor da interação entre o ser humano e as coisas. Essa ideia, chamada de **teoria do valor-utilidade**, pensa que homens e mulheres têm uma série de necessidades e precisam, de alguma forma, satisfazê-las. Para isso, os indivíduos são obrigados a entrar na atividade econômica. Nesse caso, o valor é definido pelo grau de utilidade ou satisfação que se pode obter. Logo, nessa teoria, as pessoas atribuem valor a objetos ou serviços conforme estes satisfaçam suas necessidades ou urgências.

Nessa perspectiva, o valor de um produto é subjetivo e está alinhado à necessidade de um comprador, a qual pode ser diferente da de outro. É como uma feira: alguns querem comprar cebola; outros, maçã, tal que os preços dessas duas mercadorias estão intimamente ligados a seus compradores.

A publicidade utiliza muito essa teoria, pois busca criar desejos nas pessoas a fim de as tornar consumidoras. O foco é fazer algo valer mais do que deveria. Por exemplo, supostamente a água deveria ser igual em todas as embalagens (incolor, insípida e inodora, como aprendemos no ensino fundamental), mas uma marca cobra R$ 2,00 por uma garrafa e outra pode chegar a cobrar R$ 200,00. A diferença entre as duas fundamentalmente é a publicidade e o foco no desejo. Quanto mais se deseja alguma coisa, mais cara ela se torna. Novamente reforçamos: trata-se de uma teoria de preços subjetiva. O valor de um produto muda se a opinião das pessoas sobre ele mudar. Mais do que isso, a demanda por um produto afeta diretamente seu preço, para cima ou para baixo, como se fosse o único fator determinante.

Nessa teoria, o valor do produto social é a soma de todos os produtos e serviços produzidos e comercializados pela sociedade, ou seja, o valor do produto social é derivado da avaliação de sua transação no mercado.

Além disso, essa teoria se pretende não histórica, logo não depende do tempo e do espaço para justificar seus resultados e imagina que o comportamento dos seres humanos sempre foi o mesmo no decorrer do tempo. De acordo com esse conjunto de ideias, o valor de cada produto é um resultado objetivo do mercado, mas ele ignora justamente que os mercados mudam no tempo e no espaço. Se, em 1980, era muito bacana usar roupas com ombreiras, essa não parece ter sido a realidade de 2020. Assim, se um comerciante tentou vender *blazer* com ombreiras em 2020, provavelmente não vendeu muitas peças.

A teoria do valor-utilidade, entretanto, é interessante para explicar fenômenos contemporâneos ao observador. Tem uma aplicabilidade prática cotidiana, como em uma ida ao supermercado — podemos perceber que o arroz da marca tal é mais caro e vende mais do que o de outra, e é possível que isso aconteça porque as pessoas percebem um valor maior no saco de arroz da primeira marca.

Nessa teoria, o excedente é o que a sociedade produz e não usa, portanto, pode ser encarado como uma poupança. Como age no nível individual, a teoria explica que quem não gasta tudo o que ganha guarda uma parte desse valor. Como recompensa por resistir ao consumo, essa pessoa obtém juros, como uma recompensa.

De qualquer modo, ainda que consigamos explicar o cotidiano com a teoria do valor-utilidade, em um mundo ultraglobalizado, ela está, em grande parte, ultrapassada, pois não consegue responder a algumas das questões mais importantes para a economia (Singer, 2015).

A segunda teoria é muito mais complexa. Denominada **teoria do valor-trabalho**, ela parte da ideia de que a atividade econômica é coletiva. Para os economistas políticos estudiosos dessa teoria, pouco importa a atividade econômica individual ou o preço individual de um ou outro produto na prateleira de um supermercado. Isso porque, nessa perspectiva, a atividade econômica acontece e existe nas interações da sociedade, já que a economia é essencialmente coletiva e decorre fundamentalmente da divisão social do trabalho. O valor de alguma coisa é o valor de seu produto social, ou seja, da atividade coletiva conjunta de todos os membros da sociedade, e independe da compra ou não do produto. Nessa perspectiva, o produto comprado ou vendido é apenas mais um dos inúmeros fatores sociais que explicam o estado de coisas do ponto de vista econômico. Tal teoria busca compreender o produto social, resultante de uma atividade coletiva e medido por meio do tempo de trabalho da sociedade investido naquele produto ou serviço.

O valor de alguma coisa — produto ou serviço — é objetivo, pois seu produtor sabe quanto de trabalho social foi envolvido em sua criação. O valor do produto social é a resultante do tempo de trabalho necessário para a produção de determinada mercadoria.

Assim, podemos dizer, apoiados por essa teoria, que a mercadoria chega ao mercado com um preço relativamente consolidado. É claro que existem as ofertas e também os produtos mais de acordo com a região da cidade, mas uma mercadoria nunca está completamente submetida ao valor do mercado, como a teoria do valor-utilidade afirmava. Um dono de fábrica jamais poderia admitir que seu produto chegasse ao comprador por um preço menor do que o necessário para ser produzido e que não permitisse a margem de lucro desejada (Singer, 2015). Sim, existem promoções e momentos de subsídios nos quais o produto pode ser vendido até mais barato do que sua fabricação, porém isso é uma estratégia de vendas, provavelmente com intuito de tirar algum concorrente menor do mercado. Portanto, não se trata de uma estratégia duradoura; é algo pontual e com uma intenção muito bem definida. Nesse caso, o que temos é um investimento, e não uma mercadoria mais barata.

A teoria do valor-trabalho é inerentemente histórica, ou seja, assume que o comportamento de uma sociedade só pode ser compreendido quando o analisamos sob a perspectiva do tempo e do espaço. Por exemplo, as noções de propriedade privada e valor de terras variaram entre os séculos XV e XVI, época das grandes navegações, e a atualidade. Como essa teoria explica o produto social pela divisão social do trabalho, ela necessita dessa divisão. Assim, por esse viés, cada mudança nessa divisão impacta diretamente o preço dos bens que podem ser adquiridos.

Se pensarmos historicamente, como a teoria pede, veremos que, desde o Crescente Fértil, antes mesmo da antiguidade egípcia, sempre houve um aumento da divisão social do trabalho, de forma que, no século XXI, praticamente toda atividade humana adquire caráter econômico. Até mesmo em nossos momentos de lazer estamos "trabalhando" para criar algo, viajando e gastando com hotéis, lendo um bom livro e calculando quantas horas levará para terminá-lo e quais estão na fila de leitura — só conseguimos enxergar nossas vidas com a lente da atividade econômica (Bauman, 2008). Assim, toda atividade social é também uma atividade econômica, e o valor das coisas surge na produção do trabalho.

No entanto, a sociedade produz excedente, como veremos melhor adiante. Na teoria do valor-trabalho, esse excedente é produzido conforme o tipo de sociedade analisado, uma vez que é a iniciativa mais importante da coletividade. Se pensarmos em uma comunidade primitiva, comunal, o grupo precisa decidir quantas galinhas vão matar e quantos pés de alface serão necessários para a refeição. Além disso, precisam decidir, em grupo, o que será estocado. Em uma sociedade sem refrigeradores, a comida não dura muito tempo, então o cálculo de armazenagem não consegue computar muitos dias de estocagem, portanto o excedente dura apenas alguns poucos dias, em pequena quantidade.

O mesmo não ocorre na sociedade do século XXI, com diversas formas de armazenamento e conservação de produtos. Além disso, nossa organização social, na atualidade, contempla muito mais do que apenas comida. Em uma economia capitalista, com tantos produtos diversos no mercado, o excedente não é previamente fixado, já que as variáveis são inúmeras. Por isso, decorre da produtividade do trabalho e do custo da força de trabalho (Singer, 2015).

A força de trabalho é a capacidade mental e física de homens e mulheres em determinada sociedade. Todavia, as pessoas não nascem prontas. Um pedreiro precisou aprender com alguém, bem como um engenheiro ou um advogado. Então, precisamos somar no produto social os recursos necessários para a qualificação desses indivíduos. Mais do que isso, a própria qualificação das pessoas está, de certa forma, condicionada pela sociedade. As profissões e os trabalhos existem de forma social, ou seja, para exercer algum papel para a coletividade. Por isso, Marx diz que a soma da subsistência dos indivíduos com os recursos para ensinar-lhes uma profissão é o produto necessário. Sem ele, a economia sequer consegue se reproduzir e a sociedade entra em colapso.

Uma vez estabelecido esse mínimo, temos o produto social, derivado da produtividade da força de trabalho. Normalmente, aquilo que a força de trabalho produz é maior do que o produto necessário. Assim, a diferença entre o uso da força de trabalho e o produto necessário é o excedente social (Marx, 2011).

Por conta disso, podemos dizer que a teoria elaborada por Marx é essencialmente macroeconômica, ou seja, enxerga a economia em meio à sociedade, sempre em conjunto. O que ela não consegue fazer é explicar o dia a dia do supermercado. Seu intuito normalmente é enxergar as coisas em um tempo relativamente longo. Aliás, quanto maior o tempo, mais completa tende a ser a análise (Braudel, 2019). A macroeconomia só pode ser feita pensando em um produto social global, não se trata de analisar nossas casas, mas nosso país, ou o mundo globalizado, ou, ainda, todas as conexões entre países.

Capítulo 2

Fundamentos da economia política

Neste segundo capítulo, apresentaremos os conceitos fundamentais da economia política. Iniciaremos pela repartição de renda e seus efeitos na vida da sociedade e seguiremos para a definição teórica de excedente e acumulação de capital. Depois, explicitaremos como ocorre a concentração do capital e qual é seu impacto na desigualdade social atualmente enfrentada pelo mundo. Na última seção, discorreremos teoricamente sobre moeda e crédito e como essas operações invadem nossas vidas cotidianamente.

— 2.1 —

Repartição de renda

A repartição de renda pode ser vista sob duas óticas: a da teoria marginalista, ou liberal, e a da teoria marxista. Neste tópico, abordaremos ambas, com suas particularidades e possíveis aplicações.

Comecemos, então, com a **perspectiva liberal** e, portanto, com a ideia central de David Ricardo, para o qual, a economia política deveria dedicar-se à repartição de renda e à criação e compreensão de leis para a repartição do produto social entre as diversas camadas da população, ou seja, entender como dividir o bolo de recursos para que todas as pessoas fossem beneficiadas. Mais do que isso, para Ricardo, a economia política deveria tentar definir uma melhor forma de fazer isso, afinal todas as classes imaginam que contribuem mais e que, portanto, deveriam ter maior fatia desse bolo monetário.

Na teoria clássica, ou marginalista/liberal, existem basicamente quatro tipos de rendimento na sociedade: o salário, o lucro, os juros e a renda da terra. O salário corresponde ao trabalho das pessoas; o lucro, ao excedente gerado pela empresa; os juros, ao capital monetário; a renda da terra, aos fatores naturais. Nessa perspectiva, essas quatro esferas conseguem dar conta das questões da economia, já que todas as possibilidades estão nelas pontuadas (Lenz, 1993).

O pensador John Maynard Keynes, na década de 1930, explicava que os juros são a recuperação do capital em sua forma de liquidez máxima, isto é, em sua forma monetária. Quando ele fala em **liquidez**, queremos dizer que o dinheiro está pronto para ser gasto. Falaremos mais sobre isso adiante, mas, para que você não fique sem entender, imagine que você tem um livro em suas mãos, que, quando vendido, valerá R$ 100,00. Contudo, até que você ache um comprador, um leitor interessado em lê-lo, podem se passar dias, meses ou até anos. Nesse sentido, o livro vale R$ 100,00, porém duas notas de R$ 50,00 são mais líquidas, pois podem ser usadas imediatamente. As pessoas recebem juros quando emprestam seu dinheiro a outras pessoas ou entidades, isto é, deixam de usufruir da liquidez do momento para obter algum ganho no futuro.

Já os pesquisadores liberais pós-keynesianos afirmam que os fatores de produção são propriedade particular de cada pessoa ou entidade. Por esse motivo, podem fazer o que quiserem com seus rendimentos, inclusive emprestar para gerar lucro. O problema é descobrir o quanto desse rendimento é o salário, o quanto é o lucro, qual é o percentual que vira juros e o quanto vai para compra e obtenção de dividendos com terras (Singer, 2015).

Uma outra lei formulada pela escola clássica de economia é a **lei dos rendimentos decrescentes**, segundo a qual, quando se combinam os fatores e se aumenta apenas um, os rendimentos proporcionados por esse valor específico decrescem. Analisemos um exemplo para auxiliar a compreensão dessa ideia. Pense em uma fábrica de calçados cujo dono contrata 10 empregados que recebem R$ 1.000,00 cada. A fábrica lucra R$ 10.000,00, ou seja, são gastos R$ 10.000,00 em salários e faturados R$ 20.000,00. Colocando 11 empregados (portanto, apenas mais um), o lucro não sobe para R$ 11.000,00, mas para R$ 10.900,00. Ao contratar o 12º empregado, seu lucro é de R$ 11.700,00. Ao contratar o 13º, o lucro total seria de R$ 12.400,00, e assim por diante. Em suma, a partir dos 10 trabalhadores iniciais, cada um que é adicionado dá R$ 100,00 de lucro a menos. Desse modo, quando o dono da fábrica chegar ao 20º empregado, não conseguirá mais obter lucro com ele, e, a partir do 21º, terá prejuízos. Existe um limite na capacidade de produção de um empregado e uma empresa deve sempre estar bem equalizada. Isso quer dizer que não adianta colocar dez mil pessoas para arar um campo de futebol; da mesma forma, apenas uma pessoa também não funciona.

É necessário um equilíbrio. Supondo dois fatores, o empresário até pode variar o terceiro, mas, quanto mais elementos se inserem na equação, mais o rendimento tende a cair.

Do ponto de vista liberal, o intuito de toda empresa é gerar lucro em sua forma máxima, por conseguinte, é necessário estudar com afinco os recursos naturais, o capital empregado e os trabalhadores para maximizar o retorno. Então, o pensamento liberal pressupõe que o dono da empresa é uma pessoa racional e, portanto, não empregaria alguém que não lhe desse lucro. Como o proprietário sempre deseja mais lucro, isso acabaria por gerar o emprego total, ou seja, todas as pessoas aptas e dispostas a trabalhar poderiam encontrar um posto de trabalho. Se os salários são definidos pelo mercado, o nível do salário deveria determinar o tipo do emprego. Se um trabalho simples paga R$ 1.000,00, um duplamente complexo pagaria R$ 2.000,00, e um dez vezes mais difícil pagaria R$ 20.000,00. A teoria liberal demanda que o empregado se enxergue como uma espécie de empresário de si mesmo e que pense sua carreira como uma empresa a ser administrada.

O uso da terra considera o mesmo preceito: ou a terra dá lucro, ou é improdutiva e deve ser abandonada. O capital financeiro segue a mesma toada. Um capitalista só investe em recursos que geram lucro; quanto mais, melhor, especialmente no menor tempo possível. Por isso mesmo existe dificuldade para encontrar investimentos em áreas que consolidam a nação em tempos muito distantes. A título de ilustração, reflorestar uma área é muito importante, mas os lucros dessa ação podem levar 150 ou 200 anos. Logo, os empresários não se interessam, mesmo reconhecendo seu valor.

Para os teóricos liberais, o custo do trabalho não tem a ver com o trabalhador, que gasta um valor para se manter, e sim com o quanto a sociedade decide que aquele trabalho deve valer. É, de novo, uma perspectiva subjetiva da realidade do trabalho, já que, para os teóricos da economia clássica, uma pessoa só está desempregada porque deseja isso, ou porque o governo está interferindo em uma área que não lhe compete. Por exemplo, para essa perspectiva, quando o governo decidisse impor um salário-mínimo, estaria estimulando o desemprego, porque vários empregadores não gostariam de pagar o valor da lei governamental e acabariam despedindo o funcionário (Matias-Pereira, 2015).

A teoria marxista pensa de outra forma. Para ela, existem dois tipos de trabalho: o produtivo e o improdutivo. O trabalho produtivo é aquele cujo capital é variável; uma parte desse capital é o salário do empregado e outra parte volta ao dono dos meios de produção, aumentando a mais-valia. Então, podemos dizer que, de acordo com a teoria econômica marxista, trabalho produtivo é aquele que gera mais-valia para o empregador. É interessante notar que o trabalho doméstico, como arrumar a casa, lavar a louça ou cuidar dos seus filhos, não é computado como trabalho, já que não gera dinheiro para uma empresa. Mais complexo é o caso de um arquiteto que trabalha apenas para si, por exemplo, que não trabalha para nenhum escritório de arquitetura e não emprega ninguém, nem mesmo uma secretária. Esse trabalhador, do ponto de vista marxista, é um trabalhador improdutivo. Ele promove quase que um escambo, fazendo com que seu trabalho vire uma espécie de mercadoria de troca, e não uma forma de acumulação de riqueza.

Conforme explicamos ao tratar da teoria do valor, para os marxistas, a divisão entre os produtos necessários e o excedente social acontece na luta de classes. É na discussão, nem sempre saudável, entre patrões e empregados que se consegue o equilíbrio de forças do mercado. Em alguns momentos, os trabalhadores vencem algumas batalhas e seus salários e condições de trabalho melhoram; em outros, os donos das empresas vencem, os salários são diminuídos e a precarização acontece. Essa guerra jamais acabará. Os capitalistas sempre querem ganhar mais dinheiro, e os trabalhadores sempre desejam melhores condições de vida.

Muitas vezes, o governo é o fiel da balança nesse movimento. Por exemplo, quando, em 1936, no governo de Getúlio Vargas, o salário-mínimo foi instituído no Brasil, nenhuma empresa ou empregador poderia pagar menos do que aquele valor. Todavia, quanto vale ou, melhor, qual é o valor de compra de um salário-mínimo? Uma pessoa sozinha consegue sustentar-se em quais condições com esse ordenado? E se a pessoa precisar sustentar uma família? Conseguirá? Os valores variaram tanto ao longo do tempo que já houve momentos em que um salário-mínimo sustentava de forma digna uma família. Em outros, mal sustentava uma pessoa. Quanto mais progressista o governo é, mais tende a aumentar o salário-mínimo. Quanto mais conservador, mais tende a beneficiar os empregadores, ou seja, a diminuir o valor real de compra do salário.

Esse valor de compra, porém, não pode diminuir tanto, senão há um colapso econômico. De nada adianta produzir bens de consumo se não há ninguém com dinheiro suficiente para comprar. Quando não há dinheiro para comprar o mínimo necessário, as pessoas entram em desespero. À medida que a economia entra em colapso e as pessoas se desesperam, muito rapidamente a própria estrutura governamental entra em colapso junto. É muito raro, no sistema capitalista, que um governo sobreviva ao caos econômico (Leitão, 2011).

A economia atual exige cada vez mais o uso da moeda. Não estamos falando da moeda em si, aquele pedaço redondo de metal, mas de um intermediador, algo que esteja entre um produto e seu comprador. Afinal, quantos pares de tênis vale um piano, por exemplo? A moeda facilita a troca e a confiança entre as pessoas que não se conhecem (Harari, 2015). Abordaremos essas questões mais adiante. Neste momento, é importante destacar que, para cada produto comprado, existe uma série de atravessadores que pegam cada um sua parcela do dinheiro. Por exemplo, para comprar um chocolate, pagamos R$ 2,00 — desse valor, a transportadora pega uma parte, o dono da banquinha de doces, outra, o governo, na forma de impostos etc. Para cada uma dessas operações financeiras é usada a moeda.

Suponhamos que o dono da banquinha de doces não tenha dinheiro para pagar o chocolate. O que ele faz? Ele pede um empréstimo a um banco. Como o banco tem dinheiro para ceder ao dono da banquinha? Por meio de juros que recebeu de outras pessoas (e que receberá também do dono da banquinha). Funciona assim: o dono da banquinha pega R$ 1.000,00 do banco e acerta para pagar o empréstimo em, por exemplo, 10 vezes de R$ 110,00. Ao final dos 10 meses, o banco terá R$ 1.100,00 e usará os R$ 100,00 excedentes para emprestar para outra pessoa em dificuldades, que, por sua vez, devolverá esse dinheiro acrescido de mais um montante, de juros. Para a teoria marxista, esse não é um dinheiro produtivo, mas apenas a metamorfose do capital, que cresce mesmo sem gerar diretamente nenhum produto.

É importante destacar que, normalmente, quem empresta dinheiro são as empresas. Mesmo empresas de outros ramos, como automobilístico ou de cosméticos, alteram seu capital, ora emprestando, ora tomando emprestado dinheiro. Quando emprestam de alguém, pagam juros; quando emprestam para alguém, recebem.

Assim, surge uma montanha russa, uma espécie de gangorra financeira. Quando a taxa de juros é baixa, não compensa investir no mercado financeiro, beneficiando o capitalista que investe na produção. Quando a taxa de juros é alta, o capitalista que precisa de dinheiro para investir em sua produção normalmente paga valores mais elevados – em forma de juros – para os bancos. Porém, essa taxa de juros nunca pode ser maior do que o lucro, senão a empresa vai à falência. A taxa de lucro, então, é o resultado da concorrência de lucros entre capitais em um plano macroeconômico (Singer, 2015).

Para o liberalismo, o preço do produto final é uma incógnita, pois depende da sociedade e da estimação subjetiva dos compradores; para o marxismo, o valor do produto é conhecido, pois é a soma das horas de trabalho necessárias para a geração do produto em meio à luta de classes e às disputas de poder. Para os marxistas, quanto mais se aumentam os salários, mais se aumenta o consumo, o que, por sua vez, aumenta a demanda por bens e, portanto, de mão de obra para a criação daqueles bens, gerando uma espiral ascendente de produtividade e qualidade de vida. Se uma pessoa ganha mais dinheiro, vai gastar mais dinheiro, e mais produtos terão que ser feitos. Para fazer mais produtos, mais pessoas terão que ser empregadas, as quais começarão a gastar, o que inevitavelmente fará com que mais produtos sejam fabricados e, logo, mais pessoas tenham que ser contratadas, e, assim, sucessivamente, até atingir-se o pleno emprego.

Por conta disso, os marxistas acreditam que, quanto mais se reparte o dinheiro de uma nação, mais bem ela se consolida. Quanto maior for a distância entre ricos e pobres, mais complexas ficam todas as relações. O marxismo econômico, ao contrário do que muito se propagou durante a Guerra Fria, não é uma estrutura que promove a pobreza generalizada, mas uma estrutura conceitual que pretende promover a riqueza generalizada.

É bem verdade que a experiência realizada em um país agrário como a Rússia se transformou em um desastre chamado União Soviética — o próprio Marx havia dito, ainda em vida, que a Rússia não era o país adequado para uma revolução. O sistema soviético estruturou-se de modo muito diferente do que Marx imaginou, pois se instaurou uma real ditadura, principalmente no governo de de Josef Stalin.

Mesmo assim, é fácil de perceber que sociedades como a finlandesa ou a dinamarquesa, nas quais a diferença salarial é ínfima, têm uma qualidade de vida melhor. A concentração de renda nas mãos de poucas pessoas era inclusive tema de discussão entre liberais, principalmente após Keynes, que percebeu, com a Crise de 1929, como a pobreza de muitos significava a pobreza também da classe dominante e, em última instância, da nação.

Você mesmo pode perceber, rapidamente, olhando para as notícias de um jornal ou em uma breve busca pela internet, que os países com as melhores condições econômicas são aqueles cuja riqueza é mais bem distribuída entre a população.

Isso tem muito a ver com a política governamental, como percebeu Keynes, pois os níveis de emprego e de salário derivam muito mais das atitudes dos governantes do que de uma suposta mão invisível do mercado. A somatória dos comportamentos dos empresários não é suficiente para coordenar uma política macroeconômica (Carvalho, 2020). A própria escola de pensamento econômico liberal sofreu certo abalo quando percebeu, em meados do século XX, que a economia globalizada não seria apenas a soma das economias das empresas e que a perspectiva da união dos empresários não era suficiente para dar conta da complexidade derivada da expansão dos transportes e, principalmente, das comunicações.

Depois de estudarmos como a repartição de renda é vista pela escola liberal e pela escola marxista, está na hora de compreendermos como ambas entendem as questões de excedente e de acumulação.

— 2.2 —
Excedente e acumulação

Excedente é parte da produção que não é usada para reinvestir na própria produção. Digamos assim: o cachorro-quente que compramos na esquina custa R$ 10,00, dos quais, o dono da barraquinha usa R$ 5,00 como salário e R$ 4,00 para comprar mais salsicha, molho e pães. O que sobra (R$ 1,00) é o excedente. Trata-se daquilo que não é reabsorvido de alguma forma na própria produção, como uma poupança. Então, podemos dizer que o excedente é a diferença entre o que se gasta com insumos (lembramos que salários são contabilizados como insumos) e o que se obtém com a produção.

Para a teoria liberal, a **poupança** consiste em todo rendimento que não é consumido de alguma forma pela própria produção. Além disso, nessa corrente do pensamento, toda entidade, seja uma empresa, seja uma pessoa, pode ter poupança, desde que não gaste tudo o que ganha. Quando uma empresa gasta menos do que arrecada, pode dividir esse bolo financeiro (ou uma parte dele) com os acionistas ou funcionários, para incentivar mais a produtividade. A empresa também pode guardar esse dinheiro para investir em algo maior no futuro ou mesmo constituir uma espécie de fundo de reserva, caso haja algum período de turbulência econômica.

A poupança é encarada, ainda pela teoria liberal, como uma forma de renda, já que pode gerar lucros. Trata-se de uma renúncia ao consumo: a pessoa tem o dinheiro, mas decide não gastar. Isso é visto como uma espécie de sofrimento, pois todos querem gastar o dinheiro que têm em mãos. Como já pontuamos, isso é recompensado com a adição de juros no montante financeiro (Singer, 2015).

O conceito, apesar de verdadeiro e muito útil, contrasta com a realidade. Uma coisa é uma família bilionária poupar 10% de sua renda. Outra coisa é uma família de quatro pessoas que sobrevive com um salário-mínimo conseguir poupar 10% de sua renda. Além disso, no poder de compra, qual é a diferença entre o que se pode comprar com os 10% da família bilionária e os 10% da família pobre? Esse era um problema sem solução para a teoria clássica, mas que Keynes tentou desvendar e solucionar – ao menos teoricamente.

Para esse pensador, o que explica a poupança é a relação entre as necessidades normais de consumo da pessoa (física ou jurídica) e o quanto ela ganha. Vamos recorrer a alguns exemplos de modo a facilitar a compreensão. Primeiro, pensemos em um jogador de futebol, solteiro, cujos rendimentos mensais giram em torno de R$ 5 milhões. Mesmo que esse indivíduo gaste muito dinheiro com apartamentos, festas e carros, não consegue gastar tudo o que ganha. Afinal, há um limite de consumo. Não adianta ter 50 apartamentos se ele é um só e tem que morar perto do clube, bem como, por mais que goste de colecionar carros, com um salário como o seu, quantos carros pode adquirir até que acabem os que lhe interessam? Então, se pensarmos em uma carreira de 15 anos, esse atleta terá uma poupança simplesmente porque não consegue gastar todo seu dinheiro. Provavelmente, no auge de sua carreira, quando precisa muito treinar e tem pouco tempo para gastar, esse indivíduo pode chegar a economizar 90% de seus rendimentos.

Agora, pensemos em uma família de quatro pessoas que vive em uma grande capital brasileira e na qual apenas a mulher trabalha, por um rendimento de dois salários-mínimos, sustentando o marido e os dois filhos pequenos. Depois de todos os gastos com sua família, ela consegue economizar 1% de seus rendimentos. Mesmo que ela se esforce muito para economizar cada dia mais, não há como negar à família o mínimo necessário para a subsistência. As pessoas precisam comer, precisam dos itens básicos de sobrevivência em uma cidade, como água, luz e aluguel. Simplesmente não há como comparar o jogador milionário com a mulher trabalhadora.

Por isso, Keynes diz que a poupança é explicada não pelo quanto a pessoa poupa, e sim pelo quanto se pode consumir com a poupança formada ao longo de determinado tempo. A poupança de um mês do jogador de futebol pode comprar um iate. A poupança de um mês da mulher trabalhadora pode comprar uma barra de chocolate. Por isso, Keynes desenvolveu uma lei psicológica da propensão a consumir, segundo a qual, o importante, não é explicar a poupança, mas o consumo. A poupança, para esse pensador, é o que sobra do consumo, e não a diferença entre o que se ganha e o que se gasta (Carvalho, 2020).

O consumo é socialmente construído, ou seja, consumimos mais ou menos aquilo que a sociedade nos impele a consumir (Bauman, 2008). Segundo essa ideia, percebemos que, se uma família dobra de salário, com suas contas equilibradas, normalmente aumenta o consumo, mas não chega a dobrá-lo. Quando o faz, leva um tempo para que isso aconteça, conforme analisamos no Capítulo 1. O contrário também é verdadeiro. Se uma família tem seus rendimentos cortados pela metade, não consegue imediatamente baixar seu padrão de vida. Isso porque há um padrão de consumo.

A título de ilustração, pensemos em uma família de quatro pessoas em que o salário do marido e da esposa somam R$ 10.000,00 mensais, dos quais gastam R$ 9.000,00 todos os meses. Em um determinado ponto da vida, coincidentemente, ambos têm seus salários dobrados e passam a ganhar, em conjunto, R$ 20.000,00. Eles não começarão a gastar imediatamente

R$ 18.000,00 por mês. Muito provavelmente vão gastar um pouco mais do que os R$ 9.000,00 que ganhavam anteriormente. Talvez gastem R$ 11.000,00 ou R$ 12.000,00, mas não vão gastar na mesma proporção que estão ganhando. Nesse caso, eles aumentam sua poupança. Se o oposto acontece, o padrão de consumo também se mantém. Digamos que a esposa é demitida e a família passa a ter uma renda de R$ 5.000,00. Eles tentarão diminuir seus gastos, mas não chegarão a gastar R$ 4.500,00 mensais. Provavelmente, gastarão R$ 7.000,00 ou R$ 8.000,00. Nesse caso, estarão em dívida.

Se pessoas e empresas buscam poupar para tempos que podem ser difíceis, os governos precisam fazer o contrário. Isso porque, em um país equalitário, deve haver pouca poupança, uma vez que esta é característica de instabilidade. Além disso, em um país desigual, apenas ricos conseguem poupar, tal que a desigualdade se acentua a cada dia que passa. Os mais ricos têm poupança, então recolhem juros que permitirão ter mais dinheiro no futuro. Os pobres não conseguem poupar e, como existe a inflação, isto é, a alta dos preços cotidianamente, acabam ficando cada vez mais pobres. O ideal de um país desenvolvido é que todos poupem alguma coisa, mas pouco. Para Keynes, os governos deveriam incentivar o consumo, pois, se todos apenas pouparem, a economia, aos poucos, estagna (Singer, 2015).

Na visão marxista, o excedente econômico é a **mais-valia** da economia medida em um certo tempo. O produto social é o resultado do capital constante mais o capital variável somado à mais-valia. Nessa conta, podemos dizer que o **capital constante** consiste em todos os elementos produtivos usados para fazer um produto, como matéria-prima, máquinas, instalações físicas etc. Já o **capital variável** corresponde aos custos de mão de obra. A mais-valia é o que sobra, ou seja, aquilo que é o excedente dessa operação para fazer um produto qualquer.

Portanto, o excedente não é um valor, mas uma operação determinada socialmente. Não é real; é virtual, produto dessa conta. Trata-se de tudo aquilo que sobra além do necessário para manufaturar o produto. Essa sobra, então, deve ser usada em prol da comunidade produtivamente, ou seja, deve ser reinvestida na sociedade.

É importante perceber que as abordagens das duas teorias são muito diferentes. Os liberais analisam o indivíduo, enquanto os marxistas olham para a sociedade. A ideia liberal acerca do excedente defende que ele cresça ano a ano, privilegiando quem conseguiu poupar. Já para o olhar marxista o ideal seria que, a cada ano, o excedente diminuísse, pois seus rendimentos não seriam poupados, e sim utilizados pela sociedade para a melhoria da vida de todos.

Do ponto de vista marxista, porém, na luta de classes, o dono dos meios de produção poderia tentar aumentar o excedente para produzir benefícios a si próprio. Para tanto, há dois caminhos: a produção de mais-valia absoluta e a produção de mais-valia relativa. A **mais-valia absoluta** refere-se ao aumento da carga horária de trabalho do trabalhador sem aumentar sua remuneração — como fazer o sujeito que trabalhava 8 horas trabalhar 12 ou 14 horas pelo mesmo salário final. A **mais-valia relativa** é a exigência de que o trabalhador faça mais coisas em menos tempo — ou seja, se, antes, ele montava um sapato em 10 minutos, agora precisaria montar dois sapatos no mesmo tempo. Em ambos os casos, o que temos é a exploração do trabalhador, típica de momentos em que a corda pende para o lado dos proprietários dos meios de produção (Sandroni, 1982).

Um alvo constante das críticas e análises dos marxistas é o uso da tecnologia, que barateia os custos de produção e tira trabalhadores do sistema produtivo. Muitos trabalhadores são demitidos de seus empregos quando uma tecnologia assume o controle daquela parcela da produção, como aconteceu com os teares da Primeira Revolução Industrial e presenciamos hoje com a inserção cada vez maior da inteligência artificial.

Por sua vez, a **acumulação de capital**, para a teoria marxista, é o processo pelo qual uma parte do excedente econômico é convertido em novo capital, ou seja, um pedaço do excedente de uma empresa é reinvestido nela mesma. Assim, uma parte do dinheiro a mais produzido soma-se a outros valores para ampliar a capacidade de produção, com a compra de mais matéria-prima, com a contratação de mais funcionários ou com a aquisição de um novo prédio para a ampliação de sua estrutura.

Para os liberais, só vale a pena reinvestir na produção se isso trouxer lucro. Para Keynes, a acumulação de capital depende da eficiência marginal do capital e da taxa de juros. A **eficiência**

marginal do capital é a perspectiva de que o investimento gere mais lucro do que antes. Por exemplo, uma empresa de sapatos gera R$ 10.000,00 de lucro mensalmente. Só faz sentido investir R$ 50.000,00 no maquinário se, com isso, a empresa obtiver um lucro marginal substancial, por exemplo, de R$ 20.000,00 mensais, tal que, em seis meses, o investimento se paga e o restante é lucro. Do contrário, simplesmente não compensa investir na fábrica, e o melhor seria deixar o dinheiro no banco para gerar lucros mensalmente. Portanto, um capitalista sempre avalia o que gerará retornos maiores: deixar o dinheiro em uma instituição financeira e colher juros ou investir em infraestrutura e mão de obra.

Esses dados mudam de tempos em tempos, logo, podemos dizer que, em determinadas épocas, é mais vantajoso deixar o dinheiro rendendo no banco e, em outras, é melhor reinvestir na empresa. Uma parcela grande dessa decisão passa pela taxa de juros, ou seja, quanto o banco pagará à empresa pelo empréstimo do seu dinheiro — lembramos que, quando uma empresa deixa seu dinheiro no banco, de certa forma, está emprestando dinheiro para a instituição financeira e, por isso, recebe juros. Engana-se quem pensa que as taxas de juros são sempre as mesmas. Há, inclusive, uma lei para esse fenômeno, a qual deriva da ideia de que a empresa vai renunciar a seu conforto e, portanto, deve ser recompensada por isso. Quanto maior for o risco do investimento, maior será a taxa de juros, ou seja, quanto maior for a probabilidade de imprevistos ou não recebimento, maior será a taxa de juros.

O dono da empresa também tem que observar o mercado, verificando se seu produto tem demanda, se as pessoas querem comprá-lo, em qual quantidade e por qual preço. A eficiência marginal do capital depende da oferta e da procura. Ademais, a quantidade de pessoas que compram o produto determina a sobra do sistema, o excedente poupado.

Esse equilíbrio está atrelado ao olhar do dono da empresa, mas também ao governo, que pode aumentar ou diminuir as taxas de juros. Quando o governo aumenta as taxas de juros, faz com que o capitalista deixe seu dinheiro no banco e aumente sua poupança. Quando abaixa, força o capitalista a investir em sua própria produção. Por isso, segundo Keynes, mesmo os liberais assumem que o papel governamental é importante na manutenção do capitalismo e na preservação das empresas (Carvalho, 2020).

Para os marxistas, se não há monopólio, nenhum produtor ou comprador pode determinar sozinho o preço de algum produto. Quem determina o preço é a concorrência. Ainda que não tenha pensado na mão invisível do mercado como Smith, Marx olhou a seu entorno e percebeu algo simples: se o produtor cobrar caro demais, ninguém compra; se cobrar barato demais, não vai lucrar. Voltemos a um exemplo anterior, se um determinado cachorro-quente custa R$ 50,00 e o da esquina, apenas R$ 10,00, provavelmente o mais caro vai sair do mercado. No entanto, se alguém decide vender por R$ 2,00, venderá o primeiro lote de lanches e não terá dinheiro para comprar mais salsicha e pão.

O impulso de acumular, porém, é decisivo, já que existe concorrência em um ramo não monopolista, e a empresa que não reinveste seu dinheiro para promover melhorias sucumbirá aos concorrentes.

Segundo Marx, o limite possível da acumulação é a situação de pleno emprego, ou seja, não há mais desempregados para serem contratados. Nesse caso, os salários tendem a aumentar, pois o poder de barganha dos empregados sobe consideravelmente. O problema para o empregador é que a mais-valia diminui, ou seja, ele lucra menos com o trabalho de cada um de seus funcionários. Com isso, há menos excedente, o que deixa menos dinheiro para o investimento na empresa, até o momento em que não vale mais a pena acumular. Nesse ponto, o dono da empresa pode simplesmente desistir de permanecer em um mercado que não lhe dá tanto lucro ou investir em tecnologia, em maquinário, que substitua alguns trabalhadores. Assim, alguns empregados são dispensados, não há mais pleno emprego e o ciclo recomeça.

É importante perceber como a questão tecnológica surge na teoria marxista, que, como pontuamos, é determinista, ou seja, vê na tecnologia algo inerente ao homem. Se pensarmos no mundo de 10, 20 ou 30 anos atrás, quantos empregos foram extintos pela tecnologia desde então? Vamos analisar um caso emblemático: o contínuo. Esse profissional era um *office-boy* interno, passava o dia levando e buscando documentos entre salas e repartições da empresa. Com o *e-mail* (e, mais recentemente, os mensageiros), essa profissão se extinguiu. Outro caso é o da telefonista, que, até a década de 1980, ainda existia. Atualmente, qualquer um pode simplesmente discar o telefone desejado.

Outras profissões não se extinguiram, mas, a cada dia, perdem mais profissionais para a tecnologia. Pensemos no exemplo de uma disciplina de curso de educação a distância. Nesse cenário, é possível que 1.000 ou 2.000 pessoas façam a mesma disciplina. Antigamente, isso requeria pelo menos 20 ou 30 professores, e, agora, acontece com apenas um, pois a tecnologia ajuda o professor a corrigir as provas e a falta de presencialidade não exige que ele e os alunos estejam juntos no mesmo ambiente. Então, ao mesmo tempo que a tecnologia ajuda os alunos, pois facilita e barateia o processo educativo, deixou vários profissionais da educação desempregados. Portanto, os mesmos recursos tecnológicos que depredam muitos postos de trabalho barateiam o preço dos produtos para o consumidor, fazendo girar a roda capitalista.

Outro ponto muito interessante da teoria marxista diz que o investimento só pode ser considerado efetivo quando os produtos gerados por ele são vendidos. Não adianta ampliar uma fábrica se a maior parte dos frutos do investimento acaba estocada. Então, para que haja crescimento com o investimento, é necessário que o sistema capitalista tenha demanda. Se as pessoas forem incapazes de comprar graças à renda insuficiente, não há como o sistema produtivo crescer, de modo que ele, naturalmente, entrará em crise.

Nesse sentido, o governo tem um papel importante, já que pode agir diretamente ou indiretamente sobre o nível de acumulação. Graças a políticas como taxas de juros, metas de inflação, regulagem do câmbio, orçamento público e impostos para circulação, importação e exportação, o Estado pode influenciar sobremaneira a forma como as empresas e os profissionais são tratados no país.

— 2.3 —
Concentração do capital

A **concentração do capital**, como você deve imaginar, é um tema muito importante quando analisamos a economia dos países e também das pessoas. Para a teoria marxista, a concentração do capital, ou seja, a concentração do dinheiro, consiste em elemento basilar do capitalismo, sem o qual este sequer existiria. Se refletirmos com rigor, perceberemos que o capitalismo é, em menor ou maior grau, uma concentração de meios de produção. Pensemos, por exemplo, em uma empresa: na ideia da pessoa jurídica, que vai além de seus donos ou sócios, já está implicada a noção central da concentração dos meios de produção, na medida em que suas ferramentas, seu maquinário, seus prédios e até seus funcionários são vistos como meios de produção. Assim, as empresas podem e desejam acumular mais e expandir-se. Quantas empresas com mais de três pessoas você conhece que desistem de crescer e acreditam que esse é seu tamanho ideal? Aliás, o sonho de todo empreendedor é ser maior do que o principal nome do setor. Um dono de lanchonete quer ser maior do que o McDonald's, um dono de sapataria quer ser maior do que a Nike.

Ainda conforme a análise marxista da economia capitalista, a acumulação de capital precisa ser acelerada o tempo todo, pois a economia precisa crescer e, para tanto, deve-se implementar um ritmo intenso para a produtividade dos seres humanos. "Produzir mais, sempre mais" é o lema do capital. Muitas vezes, sequer é o lema ou o desejo do capitalista, mas é o impulso do capital. Vamos pensar, a título de ilustração, em um grande empresário que ganha mais de R$ 10 milhões por mês. Conforme indicamos, é impossível que consiga gastar tudo. Ainda assim, ele força seus trabalhadores a trabalhar mais por salários menores, pois essa é a demanda do capital: mais produtividade, mais dinheiro entrando, mais acumulação no banco. Esse dinheiro não é dividido com a sociedade; pelo contrário, é cada vez mais concentrado nas mãos de alguns poucos.

Para piorar a situação, a própria ideia de progresso parece apontar para essa direção. Você já percebeu que a noção de melhoria, atualmente, corresponde a fazer com dez pessoas hoje o que, antes, se fazia com vinte? No Brasil, se antes precisávamos de um ou mais funcionários para pintar uma porta de um carro, desde o final da década de 1980, esse processo é feito por robôs, os quais fazem a mesma coisa que os humanos em menor tempo e com uma possibilidade de erro menor. Podemos dizer o mesmo de outras áreas, conforme indicamos na seção anterior. Com os computadores, muitos postos de trabalho foram extintos. Por outro lado, quanto mais recursos produtivos tiver à disposição, mais um trabalhador pode produzir, isto é, quanto maior for a disponibilidade de matéria-prima ou de tecnologia, maior é a produção. Portanto, a concentração de capital depende de recursos tecnológicos e matéria-prima abundante. Se existe uma maior abundância dos materiais que compõem o carro, mais carros podem ser produzidos e mais ocupados ficam os funcionários.

Caso não exista matéria-prima suficiente ou o maquinário não seja adequado, a empresa é derrotada pelos concorrentes. A concorrência é tão acirrada na maioria dos mercados que quem não se moderniza, quem não amplifica sua capacidade de produção, acaba engolido, basta observar a quantidade de empresas compradas por outras todos os anos. Atualmente, para mantermos o exemplo do ramo automobilístico, a alemã Volkswagen é dona da Audi, da Porsche, da Lamborghini, da Seat, da Skoda e da Bugatti; a Renault é dona da Nissan, da Mitsubishi, da Lada, da Datsun, da Infiniti e outras; assim como a BWM produz os carros da Mini e da Rolls Royce (Oliveira, 2019). Se empresas desse tamanho são vendidas, imagine o pequeno comércio, a pequena fábrica de sapatos com 20 funcionários ou a fábrica de móveis que, por anos, foi familiar.

Com auxílio da tecnologia, de acordo com Marx, o trabalhador produz cada vez mais, aumentando o capital da empresa e, por consequência, de seus donos. Isso também é concentração de capital. A ideia central consiste em produzir cada vez mais com menos esforço. Pense na porta do carro. Para fazer uma porta curva, era necessária a tecnologia da marreta. Com marteladas, os seres humanos moldavam o pedaço de metal até virar uma porta. Com o passar do tempo, a tecnologia desenvolveu-se, instituindo os moldes, que ajudavam bastante nessa tarefa. Atualmente, esse processo é feito por robôs. Assim, produz-se cada vez mais com menos esforço. Na marretada, uma porta levava um dia para ser produzida; com o molde, duas horas; e com o robô, cinco minutos.

Todavia, as tecnologias avançadas (cada uma em sua época) não saem de graça. Muito pelo contrário, sempre foram caríssimas. O preço de um robô para moldar ou pintar uma porta está na casa dos milhões de reais. Além disso, não é necessário apenas um robô, mas vários em uma fábrica. Desse modo, agiganta-se o fosso entre as empresas grandes, com capital suficiente para investir em diversos robôs, e as pequenas, com capacidade de comprar um ou dois robôs.

Analisemos outro exemplo, mais simples do que o da fábrica de carros: uma padaria pequena. Nela, o forno pode fazer 1.000 pães por dia, o que deixa boa parte da vizinhança sem pães. Do outro lado da rua, uma outra padaria abre com um forno capaz de assar 10.000 pães por dia. Nesse caso, o forno que comporta dez vezes mais pães é uma vantagem tecnológica que faz, aos poucos, a primeira padaria fechar suas portas. Isso porque as pessoas tendem a desistir da padaria que pode não ter pães e comprar apenas daquela que com certeza tem.

Logo, as empresas menores, com menos capacidade de investir, com o tempo fecham suas portas, são compradas por empresas maiores ou juntam-se com outras a fim de competir como uma empresa de maior porte e tecnologia, em um processo conhecido como **centralização**. Logo, no capitalismo, existem duas tendências: uma delas é a concentração, ou seja, uma empresa acumula capital e reinveste até tornar-se grande; a outra é justamente a centralização.

Para a teoria marxista, não existem limites para a centralização. Mais do que isso, o próprio capitalismo tende ao monopólio, isto é, apenas uma empresa comanda todo um determinado setor. Atualmente, se prestarmos atenção, podemos perceber que rumamos nesse sentido. Quantos buscadores de internet existem? Alguns, você pode pensar: Yahoo!, Bing, Peekier, SearX, Quant etc. Porém, quanto efetivamente as pessoas usam essas opções e quanto usam o Google? O buscador da empresa de Sergey Brin e Larry Page detém aproximadamente 95% de todo o tráfego de buscas da internet (Zuboff, 2019). Da mesma forma, o Windows, da Microsoft, reina soberano em 92% dos computadores, e sua suíte de aplicativos de escritório (Word, Excel, Powerpoint, do pacote chamado *Office*) praticamente não tem concorrentes. O mundo caminha para o monopólio, com empresas grandes comprando as pequenas e ficando cada vez maiores, até o momento em que existam apenas duas ou três. Isso já acontece na indústria do cinema, em que Disney e AT&T (dona da Warner) dominam praticamente todo o mercado, e na indústria de processadores de informática, em que existem apenas duas grandes empresas, AMD e Intel.

A economia capitalista move-se em ciclos. Nesses ciclos, há a prosperidade, até chegar ao cume, e, logo depois, a depressão. No ponto mais baixo da depressão, ressurge a prosperidade e o ciclo renova-se, como em uma curva senoidal. No período de ascensão, a produção cresce aos poucos, os mercados aumentam e começa um período de certa euforia econômica, no qual existe a concentração. Já na fase da depressão, acontece o oposto. A acumulação da riqueza de toda a sociedade começa a diminuir, então a acumulação de capital também se reduz, uma vez que as pessoas compram menos e, por consequência, as empresas arrecadam menos. Nesse momento, ocorrem fenômenos como os que descrevemos anteriormente: as empresas menos preparadas ou com menos capital começam a sofrer e fecham as portas, ou são compradas por outras maiores, ou, ainda, fundem-se para competir. Trata-se do período da centralização (Piketty, 2014).

A cada dia que passa, mais empresas deixam de estar ligadas a seus donos primários, seja por conta do próprio tempo de vida humano, que é inferior ao tempo de vida de uma empresa, seja porque foi vendida ou associada. Um número cada vez maior de entidades passam a ser gerenciadas por pessoas que sequer conhecem sua gênese ou seu principal motivo de existir. Apenas se preocupam com custos e lucros. Basicamente, são pessoas que colocam seu dinheiro na companhia e querem sua fatia de bonificação. Para esses capitalistas, pouco importa se é uma empresa que faz filmes ou que faz aviões, se é uma universidade ou uma granja, o essencial é apenas a linha final de uma planilha: o lucro.

Isso acontece também porque, nos dias de hoje, boa parte dos conglomerados é composta de sociedades anônimas, ou seja, pessoas desconhecidas (anônimas, afinal) que colocam dinheiro e esperam rentabilidade. Do ponto de vista histórico, esse fato começou a ocorrer com a institucionalização do mercado de capitais. Atualmente, grande parte das empresas tem ações na bolsa de valores, ou seja, seu capital é fracionado e colocado à venda, de modo que qualquer pessoa pode obter uma fração do empreendimento. Se a empresa der lucro, quem comprou uma parte também obtém lucro. De mesma forma, se der prejuízo, os compradores perdem dinheiro. Portanto, você pode hoje mesmo comprar um pedaço da Coca-Cola, da Petrobrás ou da Apple. Você não sabe fazer refrigerante, extrair petróleo ou programar um iPhone, mas quer ver seu dinheiro render. Assim é com a maioria dos donos das empresas: pessoas que não estão interessadas no negócio, apenas no dinheiro que pode ser rentabilizado.

Com isso, existe uma separação radical entre quem dirige a empresa, quem direciona e movimenta o processo produtivo e os proprietários. Uma empresa como as citadas tem milhões de proprietários, uma vez que cada acionista pode considerar-se dono da empresa, graças aos bancos, que se tornaram o instrumento de transformação da empresa individual para a sociedade anônima. Nesse processo, o empreendimento que era do pai em parceria com os filhos deixa de existir, e uma multidão de anônimos domina o negócio. Se antes o banco emprestava dinheiro para receber juros, com a Bolsa de Valores, passou a comprar ações por preços baixos e vender a preços altos.

Precisamos explicar, porém, que o valor de uma ação no mercado é determinado especulativamente, ou seja, especula-se que a empresa vai valorizar e, portanto, todos os seus sócios terão um acréscimo de dinheiro. A Bolsa de Valores trabalha com expectativas de melhora, o que nem sempre é verdadeiro. Com essa especulação, cria-se um certo capital fictício, que não corresponde à realidade. Imaginemos que todos os detentores de ações de uma grande empresa decidam vendê-las ao mesmo tempo, exigindo que ela pague os valores do papel. Muito provavelmente, mesmo que a empresa venda todas as suas posses, não conseguirá pagar esses valores, pois o dinheiro das ações, em muitos casos, sobretudo nas megacorporações, é virtual, não correspondendo à verdade. Trata-se, como dissemos, de um capital fictício (Singer, 2015).

O banco concede, por meio de empréstimos, o dinheiro para as empresas, de modo a enriquecer tanto por conta dos juros quanto pelo fato de se tornar sócio de uma entidade que tende a prosperar com o tempo. Como um só banco pode ser coproprietário de diversos empreendimentos, normalmente força suas fusões, ainda que estas não tenham nada em comum. Esse tipo de capital, que combina o capital industrial com o capital bancário, começou a ser chamado de **capital financeiro**, ou seja, uma mistura do poder de produção da indústria com o poder especulativo dos bancos. Esse capital financeiro é cada vez mais concentrado. Assim, fica cada vez mais difícil que uma empresa chefiada apenas por seus fundadores, sem capital externo, consiga competir. Para piorar, o sistema capitalista caminha para uma concentração de renda cada vez maior. Uma das provas disso consiste no fato de que os integrantes do grupo do 1% mais rico da população mundial detêm mais de 50% de toda a renda do planeta, ou seja, metade do dinheiro do planeta está nas mãos de apenas 1% de mais afortunados (1% mais ricos..., 2020).

O liberalismo, contudo, não aceita a concentração de capital como principal referência do capitalismo. Essa não aceitação vem da questão ideológica, uma vez que o liberalismo intenta apresentar-se como uma teoria que melhora o mundo. Entretanto, a profunda concentração de capital nas mãos de alguns poucos contradiz fortemente essa ideia. Para os liberais, o que move o mundo é a livre concorrência. Todavia, a concentração de renda e os monopólios são opostos à noção de livre concorrência.

Para os adeptos da teoria liberal, a centralização do capital deveria ser impedida pelos governos, por meio de políticas antitruste, ou seja, leis que regulariam a quantidade de negócios e a concentração que uma empresa poderia obter. Contudo, surge uma questão fundamental: uma empresa forte o suficiente pode gastar muito dinheiro para influenciar os poderosos para que estes afrouxem determinadas leis.

De qualquer forma, a teoria liberal preocupou-se com o monopólio, afinal, se uma única empresa detém a produção e a comercialização de alguma coisa, ela faz a sociedade de refém e pode, teoricamente, subir seus preços o quanto quiser ou no limite do quanto as pessoas conseguem pagar. A única limitação do monopólio é a necessidade de um produto por parte da população. Assim, na segunda década do século XXI, um telefone celular pode custar muito caro, pois as pessoas necessitam dele e estão dispostas a pagar, visto que têm poucas escolhas. No mundo atual, quem, entre nós, é capaz de se dar ao luxo de ficar sem um *smartphone*?

Outra figura importante em um mundo de concentração de capital são os monopsônios, que verificamos quando existe apenas um comprador na sociedade para determinado produto. Essa entidade também decide, arbitrariamente, os preços das mercadorias que decide comprar. Por exemplo, toda a soja que o Brasil exporta para a China (aproximadamente 34% da nossa produção) é comprada por apenas uma empresa, a estatal chinesa Cofoc. Na China, não se pode vender para outra empresa. Um outro exemplo de monopsônio é o Facebook, que "compra" nossos dados, nossas conversas e nossas fotos, por meio das plataformas do Facebook, do WhatsApp e do Instagram. Com a compra de nossos dados (que "vendemos" gratuitamente), a empresa de Mark Zuckerberg pode vender informações preciosas para agências de publicidade, que entopem nossas *timelines* com propagandas direcionadas (Lanier, 2018).

Enfim, a concentração de capital é tão grande que as empresas se tornaram enormes conglomerados divididos na Bolsa de Valores de tal modo que seus proprietários já não mandam efetivamente. Quem manda são os diretores desses conglomerados, executivos que, muitas vezes, pouco têm a contribuir com essas entidades para além das questões financeiras. Assim, a criatividade esvai-se e a pesquisa por melhores produtos cai em uma simples busca pelo dinheiro.

— 2.4 —
Desigualdade social

Conforme mencionamos, um dos principais problemas da contemporaneidade consiste na **desigualdade social**. Um mundo no qual 1% das pessoas detém metade de todos os recursos do planeta não parece ser um bom lugar para viver. E talvez não seja mesmo para aqueles que vivem em extrema pobreza, o que, de acordo com o Banco Mundial, é viver com menos de US$ 1,90 por dia.

No entanto, essa realidade não era prevista de antemão. Por exemplo, um dos estudos mais proeminentes do século XX sobre o tema é o de Simon Kuznets, que é extremamente otimista. De acordo com esse pesquisador russo (posteriormente naturalizado estadunidense), a desigualdade de renda iria diminuir ao longo do tempo, automaticamente, graças à própria evolução do capitalismo. Sua teoria foi criada em 1955, portanto, em um dos momentos mais auspiciosos da cultura ocidental. Afinal, a Segunda Guerra Mundial tinha ficado para trás e a humanidade nutria uma grande esperança em relação ao futuro.

Na época, o estudo até fazia algum sentido, pois, nesse período pós-guerra, houve realmente um aumento na taxa de igualdade econômica. Os ricos ficaram menos ricos e os pobres, menos pobres. Entretanto, essas taxas não se mantiveram, e, já na metade dos anos 1970, a desigualdade voltou a crescer.

É possível dividirmos a desigualdade de renda em três etapas: a desigualdade de renda do trabalho, a desigualdade de renda da propriedade do capital e a relação entre ambas. A **renda do trabalho** é o dinheiro que se ganha trabalhando, ou seja, no dia a dia da produção de riqueza. A **renda de propriedade de capital** é o dinheiro que se ganha por ter dinheiro aplicado, isto é, dissociado do trabalho, mas ligado a posses anteriores. Uma pessoa de classe média, por exemplo, pode ter um salário de R$ 1.000,00 e ter mais R$ 2.000,00 aplicados. A primeira renda é a do trabalho e a segunda, a da propriedade do capital. Além dessas duas, a relação entre elas também é importante, nesse sentido, a vida do sujeito é gerenciada, do ponto de vista financeiro, em parte pelo salário e em parte pelos dividendos de suas aplicações.

Logo, é interessante percebermos que a desigualdade de renda pode atingir ambas as esferas, portanto, há uma desigualdade de salários. Existem pessoas que recebem mensalmente R$ 1.000,00, pessoas que recebem R$ 10.000,00, e pessoas que recebem R$ 100.000,00. Quanto maior é o salário, menor é a quantidade de indivíduos que o recebem. Muitos brasileiros recebem um salário de pouco mais de R$ 1.000,00 e pouquíssimos recebem um salário superior a R$ 100.000,00. Há, ainda, pessoas que possuem R$ 1.000,00 rendendo e, outras, R$ 1.000.000,00. Esses são rendimentos bastante diferentes. Quanto maior for a desigualdade desses componentes, maior será a desigualdade geral da sociedade. Além disso, existe a relação entre as duas desigualdades. Quanto menor for o salário, mais difícil será para a pessoa conseguir juntar dinheiro para investir. Quanto menos ela investir, menos condição de melhorar sua situação global.

Faz parte do plano daqueles que mandam no mundo fazer com que os trabalhadores, principalmente os mais humildes, acreditem na meritocracia, ou seja, que o melhor, aquele que mais estuda, que mais se dedica, que mais trabalha terá melhores resultados. A ideia da meritocracia até faria sentido se todos começassem do mesmo ponto. Todavia, na vida real, as coisas não acontecem dessa forma. Como um filho de banqueiro, que nasceu em berço de ouro e nunca precisou trabalhar até completar a faculdade, pode equiparar-se com o filho de um pobre lavrador que, desde os 6 anos de idade, precisa ajudar a plantar e a colher de sol a sol? Como comparar uma pessoa que nasceu na zona nobre de São Paulo com uma que nasceu em uma favela do Piauí (Ribeiro, 2010)? A meritocracia é uma mentira utilizada para a perpetuação do poder, para que o *status quo* permaneça igual, ou seja, quem manda continue mandando e quem é pobre continue pobre. É muito difícil conseguir furar essa bolha estrutural apenas com o suor do trabalho. Sim, existem pessoas que conseguem, mas, a cada dia que passa, elas são mais raras — e, portanto, destacam-se.

Talvez você esteja pensando que esse é um fenômeno brasileiro recente. Não é. Infelizmente, a ideia meritocrática permeia praticamente todos os países capitalistas e desde muito tempo. Em alguns países, esse fenômeno é mais forte; em outros, mais enfraquecido. Entretanto, essa ideia é tão difundida que as pessoas acabam aceitando-a como uma verdade universal.

O ápice dessa diferença talvez se encontre nos herdeiros, pessoas que não precisam trabalhar e nunca precisarão, que nasceram em uma família rica e que, portanto, não necessitam de nenhuma renda adicional àquela que obtêm de seus rendimentos patrimoniais. Fica muito difícil sustentar a meritocracia quando sabemos que existem situações como essa. Afinal, qual é o mérito daquele que é rico apenas por nascer assim? A menos que se acredite em razões metafísicas, como ser um escolhido de Deus ou da sorte, é muito difícil justificar as razões de merecimento de alguém que simplesmente nasceu na família certa.

É importante destacarmos, ainda, que a desigualdade do capital é sempre mais forte do que a desigualdade do trabalho (Piketty, 2014). Por mais que se trabalhe, a renda do capital é superior. Mesmo que você trabalhe muito e se esforce muito, provavelmente não vai conseguir o montante financeiro de um grande investidor. Além disso, o capital não gera o mesmo rendimento para todos os investidores. Quanto maior é o patrimônio investido, maior é o retorno obtido. As taxas de juros não são as mesmas para um trabalhador comum e um grande investidor. Por exemplo, existem fundos de investimento cujo aporte inicial (ou seja, o dinheiro para "entrar" no investimento) é de R$ 10.000.000,00. Esses fundos geram muito mais dividendos do que um em que são necessários apenas R$ 100,00 para "entrar". Com isso, a taxa de crescimento do capital é diferente e só faz aumentar a desigualdade. A pessoa que investe R$ 10.000.000,00 ganha percentualmente mais do que aquela cujo investimento equivale a R$ 100,00. Assim, com o passar do tempo, quem é rico fica mais rico e quem é pobre fica mais pobre.

Além das taxas muito mais atrativas, os ricos conseguem diversificar seus investimentos. Um assalariado pode juntar dinheiro e investi-lo em um apartamento para alugar. Com o passar do tempo, porém, o aluguel pode deixar de ser atraente, porém permanece como o único investimento dessa pessoa. Uma família rica também investe em imóveis de aluguel, mas, se os aluguéis baixarem, não será grande problema, já que uma parte do dinheiro está, ainda, em ações; outra parte, em debêntures; outra, em empresas, outra, no agronegócio; e assim sucessivamente.

Não contentes, as pessoas com mais posses podem correr mais riscos e, portanto, ter maiores rendimentos. No mercado financeiro, de modo geral, quanto maiores são os riscos corridos, maiores são as taxas de retorno. Quando se tem dinheiro de sobra, investir com maior risco e obter maiores rendimentos é quase uma operação natural.

Os indivíduos no topo da pirâmide (falaremos um pouco mais sobre eles daqui a pouco) distanciam-se, cada vez mais, dos demais investidores, até chegar ao ponto de simplesmente não valer mais a pena investir o dinheiro do trabalho. Pensemos juntos: se deixar o dinheiro no banco dá mais retorno — e menos dor de cabeça — do que ter uma empresa, por que alguém teria uma empresa? Mais ainda, se o dono de todo esse capital tiver um filho e uma filha, por que estes precisariam trabalhar? Mesmo que seus descendentes desejassem trabalhar, não valeria a pena, pois ter uma empresa significaria ganhar menos dinheiro do que simplesmente deixar o capital no banco. Quando a taxa de rendimento do capital é superior à taxa de rendimento do trabalho sérias distorções começam a acontecer.

A distribuição do capital de rendas é muito mais concentrada do que a distribuição dos salários, ou seja, a diferença entre quem tem mais dinheiro rendendo e quem tem menos dinheiro rendendo é muito maior do que a diferença entre o menor salário e o maior salário. Em suma, se compararmos apenas os salários, a diferença entre quem mais recebe e quem menos recebe é, percentualmente, menor do que aquela entre quem tem mais dinheiro no banco e quem tem menos (Piketty, 2014).

Vamos recapitular alguns dados que ajudarão a compreender essa questão, além de levantar outras. O 0,1% mais rico do mundo detém 20% de toda a riqueza global. O 1% mais rico detém 50% da riqueza do planeta. Desse modo, para 99% da população do mundo, sobra apenas metade do dinheiro (Piketty, 2014).

Essa distorção é tão grave que é difícil até mesmo a mensurar. Porém, vamos tentar. Suponha que temos uma empresa com 1.000 funcionários. Ela fatura R$ 1.000,00 por mês. Se compararmos com a distribuição de renda da população mundial, o dono da empresa fica com R$ 200,00. Os 10 melhores funcionários (incluindo o chefe) ficarão com R$ 500,00 (considerando, como parte desse montante, os R$ 200,00 destinados ao proprietário). Por sua vez, o resto da empresa – 990 funcionários – divide os outros R$ 500,00. Portanto, nesse cenário, o dono ganha, como indicamos, R$200,00, e um funcionário comum recebe R$ 0,50 (isso mesmo, cinquenta centavos). Para piorar, o 1% mais rico tem taxas de juros diferenciadas. Se a taxa de juros normal é 2% ao mês, os mais ricos têm uma taxa de juros de, digamos, 8% ao mês; o 0,1% mais rico, de 12%. Assim, as camadas distanciam-se cada vez mais. Uma pessoa da camada mais rica não apenas pode comprar coisas, mas também pode, por meio da mais-valia, comprar o esforço dos outros indivíduos, que serão seus trabalhadores. Além de controlarem o poder do capital, controlam o poder do emprego, da renda do trabalho de outras pessoas. Como resultado, claro, sobra mais para investir, gerando uma espiral ascendente de desigualdade.

Além da espiral de desigualdade, as fortunas também têm uma ascendente espiral própria. A partir de um certo limite, o dinheiro simplesmente vai se multiplicando, em um ritmo cada vez mais elevado. Por exemplo, em 1990, Bill Gates, dono da Microsoft, tinha uma fortuna estimada de US$ 4 bilhões e, vinte anos depois, em 2010, sua fortuna era de 50 bilhões. Bill Gates aposentou-se da Microsoft e, mesmo sem trabalhar, sua fortuna aumenta cada dia mais, e não é a única que segue esse caminho.

A maioria da população, porém, sequer consegue investir, na verdade, mal tem dinheiro para sobrevivência. Há uma piadinha que, infelizmente, revela a realidade triste: "sobrou mês no meu salário". Esse chiste reforça a tese de que as pessoas não têm dinheiro suficiente para passar o mês. Para a maioria delas, a simples ideia de poupar ou investir é mera abstração, algo que o sujeito vê na televisão, mas, por conta da distância de seu cotidiano, sequer compreende. O máximo que consegue ter é um pedaço pequeno do salário colocado em uma caderneta de poupança para usar no mês seguinte ou, talvez, para dar um presente melhor no Natal.

Infelizmente, em nenhum tempo e nenhum lugar parece ter havido uma sociedade igualitária. Se houve, perdeu-se nas areias do tempo, pois não sobrou registro. Sempre, desde os primeiros registros da humanidade, houve a casta dos mais abastados e a dos mais pobres, e um fosso separando-as (Harari, 2015). Basta lembrarmos dos antigos filmes de reis e rainhas: havia um castelo que separava a nobreza, com dinheiro e posses, dos pobres camponeses, que não tinham nada.

Esse fosso diminuiu um pouco após a Primeira Guerra Mundial, quando se instaurou a chamada *classe média*, ou seja, um grupo de pessoas e famílias que está entre os mais ricos e os mais pobres. Atualmente, convenciona-se chamar de *classe média* o estrato que está nos 40% intermediários da população. Assim, a classe superior seriam os 10% mais ricos e a classe inferior, os 50% mais pobres; o restante, a classe média. Essa classe intermediária consegue poupar um pouco, mas não muito. Geração por geração, aos poucos, esses indivíduos sobem alguns degraus na escada da economia de renda e distanciam-se dos mais pobres. Pensemos, a título de ilustração, em uma família que simplesmente conseguiu deixar de herança um apartamento para seu filho único. Ora, é muito mais fácil juntar dinheiro quando não se precisa pagar pelo aluguel ou prestação de um imóvel (Souza, 2012).

A compra de sua moradia, ou a tranquilidade de sempre ter o dinheiro do aluguel, parece ser uma coisa deveras difícil. Atualmente, comprar uma casa/apartamento confortável em uma grande cidade do mundo, como São Paulo, Londres ou Nova Iorque, é tarefa restrita aos mais abastados. Atualmente, o metro quadrado de um imóvel em uma região boa de São Paulo custa, em média, R$ 11.000,00; em Curitiba, R$ 7.000,00; em Brasília, R$ 8.000,00 (Fonseca, 2020). Portanto, um apartamento de 100 metros quadrados, confortável para uma família de três pessoas, custaria, respectivamente, R$ 1.100.000,00, R$ 700.000,00 e R$ 800.000,00 nessas três cidades. Em nosso país, quem teria esse dinheiro? Mesmo com o crédito em alta, como veremos adiante, adquirir um imóvel é uma tarefa difícil para a maioria da população. Quem consegue, com sacrifício, comprar um imóvel pertence à classe média. Assim, seus herdeiros, talvez, tenham mais facilidade para conseguir poupar.

Há, ainda, outro ponto a se considerar. Se a desigualdade continuar a aumentar, como vemos ano a ano, em algum momento será impossível a convivência, será insustentável. Uma revolução, não como a apontada por Marx, com os trabalhadores unidos, mas, sim, com os miseráveis unidos, poderá ocorrer. Devemos lembrar que existem pessoas na extrema pobreza, ou seja, que ganham menos que US$ 1,90 por dia. São pessoas na Índia, na China ou mesmo nos Estados Unidos que moram nas ruas, não têm um teto sobre suas cabeças, uma mesa para a comida, nem comida para comer. Boa parte dessas pessoas sequer tem condições sanitárias, vivem sem banheiro, sem água potável ou sem saneamento básico. Não têm assistência médica ou condições de frequentar qualquer tipo de escola ou entidade de educação.

Essa realidade internacional também afeta nosso país. No Brasil, de acordo com o último censo, em 2019, 6,7% das pessoas viviam abaixo do limite da pobreza. Esses 6,7% equivalem a quase 14 milhões de pessoas. São 14 milhões de vidas que não têm a menor esperança de um dia chegarem sequer à classe média, impedidas pelas barreiras econômicas impostas pela desigualdade social (Lupion, 2020).

Os fatores expostos nesta seção explicam por que essa condição desumana ocorre com tantos brasileiros e brasileiras espalhados em um dos países com a maior riqueza natural do mundo. Infelizmente, conseguimos perceber, na prática, como o capital age em relação aos menos afortunados. Também podemos constatar que uma reforma de redistribuição de renda, tirando dos mais ricos e passando para os mais pobres, mostra-se extremamente necessária.

— 2.5 —
Moeda e crédito

O dinheiro é um mediador, é algo que faz as pessoas cooperarem, mesmo sem se conhecerem (Harari, 2015). Afinal, mesmo que nunca tenhamos visto o "tio do caldo de cana", sabemos que ele aceitará nosso dinheiro em troca de seu produto. Se viajarmos para os Estados Unidos, basta trocarmos nosso dinheiro pelo dinheiro que utilizam lá e, mesmo sem sabermos falar uma palavra em inglês, conseguimos lidar com as mais diversas situações. Como diria um velho ditado estadunidense, "*money talks*", ou seja, "o dinheiro fala".

O olhar marxista para a moeda baseia-se na **função de troca**. Troca-se moeda por algum bem de consumo. A economia capitalista é articulada na base da divisão social do trabalho, de modo que diversas empresas produzem e vendem produtos variados, os quais atendem às necessidades da população e também à própria necessidade da empresa de obter lucro. Essa articulação se dá pela troca, a forma como os seres humanos aprenderam a obter coisas diferentes. Nenhum indivíduo e nenhuma empresa conseguem produzir tudo aquilo de que necessitam para sua sobrevivência. Mesmo em sociedades comunais, como nas dos indígenas brasileiros pré-Cabral, existia uma divisão do trabalho. Ainda que tudo fosse para a comunidade, o homem que caçava não fazia a mesma coisa que a mulher que pescava, assim como o homem especializado em curar as doenças da aldeia não fazia a mesma coisa que a mulher designada a manipular os venenos necessários para a captura dos animais silvestres.

Portanto, deve haver uma função de mercado, ou uma função de troca, já que o próprio sistema capitalista não tem uma organização prévia. Não existe, no capitalismo, um órgão que diga quantas maçãs precisam ser plantadas para a população ou quantos telefones celulares do tipo A, B ou C precisam ser produzidos para o consumo. Essa regulagem ocorre por meio do mercado.

Uma tentativa de ter um órgão regulador que dizia o quanto deveria ser produzido de cada bem de consumo foi realizada pela URSS, entre as décadas de 1920 e 1980, mas não deu muito certo, já que a URSS colapsou e, com ela, a maior tentativa de uma estrutura social diferente do capitalismo.

No capitalismo, a economia faz-se nas trocas, ou seja, no sistema de circulação de moeda. O mercado regula os preços dos produtos que são ou serão consumidos, bem como a quantidade que deve ser produzida. Por exemplo, são produzidos um milhão de novos *smartphones* por ano, tal que algumas pessoas têm um *smartphone*; outras, dois; e outras, nenhum. Porém, isso indica que a capacidade de compra da sociedade é de um milhão. Com base nesse cenário, então, a empresa decide se, com o valor de venda de um milhão, consegue obter lucro. Se sim, ela continua a existir. Se não, vai muda de ramo ou fecha as portas.

Nesse sistema de trocas, há uma lei que muito tem a ver com a escassez, ou seja, quanto mais desejado e escasso for um produto, mais caro ele é. O oposto também é verdadeiro. Quanto mais é abundante, mais barato é (Singer, 2015). Para exemplificar, vamos nos valer das bebidas: Água é abundante no planeta (ainda que muitas empresas estejam poluindo os rios), logo seu preço é barato. Já um refrigerante é menos abundante, portanto é um pouco mais caro. Um champanhe, feito com uvas específicas da França, é muito mais escasso, por isso, muito mais caro.

É importante lembrarmos que toda produção, de alguma maneira, é um risco. Se as pessoas decidirem, por uma razão ou outra, simplesmente não comprar mais algum produto da empresa, aquilo poderá ficar encalhado, e o prejuízo é do fabricante. Há um caso muito famoso na indústria dos *videogames* em que um jogo chamado ET, feito à luz do filme de Steven Spielberg, teve um encalhe tão grande que seus cartuchos precisaram ser enterrados no meio do deserto. Simplesmente ninguém os queria. O prejuízo foi tão grande que a Atari, empresa que fabricava o jogo, entrou em processo de falência (Atari..., 2014).

O processo de circulação inicia-se quando os diversos produtos e serviços estão no mercado, circulam e são trocados. Porém, a troca entre produtos é sempre muito complicada. Quantos tênis valem uma calça *jeans*? Ou quantos livros valem um sofá? Difícil, não é? Ainda que, em alguns momentos, aconteça a troca de um produto por outro (um saco de batatas por uma galinha, por exemplo), essa prática, chamada *escambo*, não é nem um pouco prática. Quando estamos em uma economia com algumas dezenas de produtos, o escambo pode até existir. Em uma economia com centenas de bilhões de produtos, é simplesmente impossível agir dessa forma. Por isso, foi inventada a moeda.

A **moeda** é o único sistema de crenças criado pelos seres humanos que transpõe qualquer barreira cultural. O dinheiro não discrimina cor, gênero, religião, idade etc.

A moeda é, portanto, uma maneira de gerar equivalências entre o valor daquilo que é produzido e o valor daquilo que é consumido. Historicamente, usou-se uma mercadoria escolhida como se fosse uma **metamercadoria**, ou seja, uma mercadoria que está conceitualmente acima das demais, para dizer aos comerciantes o quanto valeria cada um dos produtos em sua banca. Durante muito tempo, essa metamercadoria foi o sal (Kishtainy, 2018). Digamos que, para descarregar um navio, uma pessoa recebesse 100 gramas de sal, que poderiam ser úteis para comprar 2 quilogramas de batata ou um pedaço de carne de porco. Assim, o sal – que poderia ser usado tanto para salgar a batata quanto para temperar a carne de porco – era empregado na negociação, e não para cozinhar.

As melhores metamercadorias, as quais a maior parte da economia capitalista indicou como equivalente geral de preços, foram os metais preciosos, principalmente o ouro e a prata. As razões para isso são relativamente simples, os metais preciosos não se alteram e não perdem suas características físicas ao longo do tempo. Isso foi muito importante para que fossem úteis como moedas. No caso do sal, se alguém vai pagar um pedaço de pão com um punhado de sal e este cai no chão, já se torna inútil. A pessoa perdeu aquele valor. Se um pouco de prata cai do bolso, basta recolher. Além disso, esses metais como elemento de troca passariam de mão em mão e não sofreriam desgaste, uma vez que podem passar por mil ou duas mil pessoas em um dia sem perder nenhuma de suas características. O ferro, no contato com tantas mãos, enferrujaria, a madeira se desgastaria, a água evaporaria etc.

Além da qualidade de manutenção de características físicas, tanto ouro quanto prata podem ser facilmente manipulados, assumindo a forma de lingotes, barras, pó etc. Depois, é possível moldá-los de outras formas se for necessário, por exemplo, transformando uma barra de ouro em moedas redondas ou moedas em uma barra. Isso também é importante, pois mostra como esses metais são facilmente transportáveis, já que podem ser levados de diferentes formas.

Assim, ouro e prata tornaram-se moedas, muito semelhantes às que conhecemos hoje. Basta assistirmos a qualquer filme de pirata que veremos moedas de ouro transportadas em caixotes de madeira para serem enterrados. É interessante perceber que, quando o ouro ou a prata viraram moedas, perderam seu sentido de ostentação. Uma vez transformados em moedas, não serviam mais para fazer brincos, correntes ou alianças. A conversão da prata e do ouro em moeda fez com que esses metais se tornassem inúteis para qualquer outra função que não fosse a mediação de uma negociação comercial.

Desde que toda a sociedade admitisse essas moedas como valor simbólico, cada mercadoria era comparada com a moeda de ouro ou de prata existente no mercado. A moeda tornou-se, pois, mediadora de transações, ou seja, posicionou-se entre o comprador e o vendedor, entre o desejo e a mercadoria. Se uma pessoa quisesse um tapete, podia pagar duas moedas de ouro ou quatro de prata por ele. Se quiser comprar uma fazenda, precisaria de 6.000 moedas de ouro ou 12.000 de prata e assim sucessivamente. Quando o ouro e a prata se converteram em moedas, todo o restante dos produtos respondeu a esses valores simbólicos. A moeda age como órgão centralizador da economia, aquilo que coordena as transações entre pessoas e produtos.

Uma pergunta que faremos no próximo capítulo, quando abordarmos a inflação, diz respeito à quantidade de moeda que pode estar disponível em determinada sociedade. Se há mais moeda no mercado, os comerciantes aumentam o valor de seus produtos, pois as pessoas pagam mais pelas mercadorias. Ao fazer isso, é necessário criar mais moedas. Ao criar mais moedas, os mercadores aumentam seus preços novamente e o ciclo recomeça. Esse é o processo inflacionário (Leitão, 2011).

No século XVIII, os homens de negócio começaram a perceber que era incômodo e desnecessário levar ouro em espécie. Em vez da moeda de ouro, bastava pegar um pedaço de papel referendado por um banco e que garantisse que aquele ouro existia em algum lugar. Tratava-se de um papel de confiança. Essa é a origem do **papel-moeda**, uma demonstração visual e palpável de que aquela pessoa tem o ouro que diz ter. O papel-moeda é um pedaço de papel, mas representa ouro, sendo uma das mais fortes ordens simbólicas humanas (Harari, 2015).

A velocidade de circulação do capital e a virtualização do dinheiro são consequências da existência do papel moeda. Um banqueiro do século XVIII sabia que as pessoas demoravam para pedir seu ouro de volta. Então, ele recebia 10.000 em moedas de ouro e cedia, em crédito, para várias pessoas, 20.000. Desse modo, o banqueiro não tinha os 20.000, mas, como as pessoas não resgatariam 20.000 de uma vez só, ele sempre poderia pegar e ceder dinheiro. Em suma, emitia mais papel-moeda do que tinha de ouro em seus cofres. O problema surgia quando alguém sugeria que o banco não tinha lastro suficiente, isto é, não tinha ouro suficiente para cobrir o papel-moeda emitido. Nesse caso, todas as pessoas pediam seu ouro ao mesmo tempo, e aqueles que ficavam por último simplesmente perdiam seu dinheiro. Assim, de repente, pessoas ricas ficavam sem nada e os bancos simplesmente fechavam.

Para evitar isso (e o próprio colapso da sociedade), os governos tomaram para si a função de único emissor de moeda. Nesse sentido, apenas o governo brasileiro pode imprimir real, apenas o governo dos Estados Unidos pode emitir dólar e apenas o governo inglês pode emitir libra. Esse fenômeno se tornou ainda mais restritivo com a Crise de 1929, quando os bancos quebraram por falta de lastro e levaram consigo, primeiro, a economia estadunidense e, posteriormente, a mundial. A partir de então, as leis para regular transações e moedas foram endurecendo cada vez mais.

Ao mesmo tempo, começou a surgir o **crédito**, ou seja, o dinheiro futuro. A melhor forma de exemplificar isso é por meio da vendinha da esquina, em que se compra fiado. Ora, alguém chega para Seu Zé da banquinha, pede um pacote de pirulitos e diz que vai pagar no dia 5 do mês seguinte. Seu Zé entrega os pirulitos acreditando que, no futuro, a pessoa irá saldar aquela dívida. Do mesmo modo, imaginamos que nossos empregadores vão pagar nossos salários no dia 5, isto é, também contamos com o futuro. Nessa equação, o dinheiro sequer existe. Há, na verdade, uma promessa de que o futuro será mais auspicioso.

Não existem muitas diferenças entre um cartão de crédito Visa ou Mastercard em 2021 e esses exemplos. Gastamos antes na expectativa de termos dinheiro para pagar a fatura na data de vencimento do cartão. Algumas vezes, temos e pagamos a dívida; outras vezes, não conseguimos saldá-la por completo e pagamos apenas uma parte da fatura. O que acontece com o restante? Bem, é um empréstimo que o banco nos concede, e com juros bastante altos. Uma operadora de cartão de crédito tem duas fontes de renda primárias: o empresário, que precisa pagar taxas para ter uma "maquininha" de cartão, e o indivíduo que não consegue pagar sua fatura completa e, então, pega dinheiro emprestado a juros altíssimos.

O que o crédito promove é a liquidez imediata. Para entender esse conceito, devemos pensar no que é liquidez: o fato de ter dinheiro disponível para gastar imediatamente. Você pode ter uma casa de R$ 1.000.000,00. Isso não quer dizer que você possa gastar esse valor imediatamente, pois a casa não é um patrimônio líquido. Ela precisa ser vendida, e isso leva tempo. Em uma emergência, por exemplo, uma casa é um péssimo negócio, já que não tem liquidez. O máximo de liquidez é ter o dinheiro, as notas em papel, em suas mãos. Com essas notas, pode-se gastar no que quiser, na hora que quiser. O que um cartão de crédito faz é lhe dar as notas em suas mãos para você pagar depois. Portanto, trata-se de um adiantamento de capital, na esperança de que você, ao final do período (normalmente mensal), salde esse valor.

Existem outras formas de transação, como cartões de débito ou transferências bancárias. Elas são um papel-moeda virtual. Só se pode gastar aquilo que está presente na conta bancária. Se um pacote de pirulitos custa R$ 20,00 e você só tem R$ 15,00 em sua conta, simplesmente não pode comprá-lo. A diferença entre um cartão de débito e as notas em sua mão é apenas a transação bancária. As notas em mãos não têm intermediário. No cartão de débito ou na transferência, há o banco, a maquininha, a conta da internet etc.

Assim como o papel-moeda em suas mãos é a forma mais líquida de dinheiro, há formas muito pouco líquidas. Uma casa é menos líquida, como mencionamos, mas pode ser vendida em alguns meses. No entanto, existem coisas que são praticamente invendáveis. O sarcófago de um faraó, por exemplo, é um item raríssimo e seu valor é gigantesco — mas quantas pessoas ou entidades teriam interesse em comprá-lo?

O crédito é a transação entre valores com liquidez diferente. Quando você empresta dinheiro para um amigo, abre mão daquele valor, da liquidez imediata, e ganha em troca uma promessa de pagamento. Já quem pegou o empréstimo tem liquidez imediata. Como você renunciou à possibilidade de poder gastar imediatamente, merece ser recompensado, e a recompensa são os juros. Quanto maior for a renúncia, maior os juros a serem recebidos (Singer, 2015). Logo, se você abre mão da liquidez por, digamos, dez anos, merece ganhar uma taxa de juros maior do que quem abriu mão da liquidez por dois anos.

É interessante destacar que, no século XXI, o dinheiro em sua espécie física praticamente não existe. Mais de 90% de todo dinheiro que roda no mundo existe apenas na forma de números em computadores bancários. O dinheiro hoje é abstrato (Harari, 2015), não é mais concreto. Simplesmente sacamos nossos cartões de crédito da bolsa ou da carteira e passamos em uma maquininha. Tente lembrar quando foi a última vez que você sacou dinheiro no banco ou todo seu salário em espécie, ou, ainda, tente calcular quanto de dinheiro em papel-moeda você utiliza em seu cotidiano.

A cada dia que passa usamos menos e menos o dinheiro físico e concentramos nossas transações em uma abstração. Isso tem duas consequências práticas. A primeira é a praticidade e a segurança, pois não precisamos mais sair por aí carregando dinheiro na carteira. Com isso, a chance de sermos assaltados para levarem nosso dinheiro é menor, além de ser muito mais prático carregar um pedaço de plástico retangular do que algumas dezenas de notas. A segunda consequência é mais nefasta e apena nosso comportamento. Como não percebemos o fluxo de dinheiro diminuindo, muitas vezes não conseguimos notar quando estamos nos endividando. Daí, no final do mês, não conseguimos pagar a fatura do cartão de crédito e entramos no modo de empréstimo, com juros altíssimos. Como o dinheiro atual é um construto psicológico, quanto mais estivermos psicologicamente preparados, mais dinheiro teremos.

Capítulo 3

Economia política no Brasil

Este terceiro capítulo é o mais importante para nós, brasileiros, já que visa acompanhar nosso maior drama em economia política: a batalha contra a inflação. Assim, o capítulo tem uma função histórica e pretende demonstrar a influência da economia política em nosso dia a dia. Pessoas faliram, sofreram, morreram, e tudo por conta da economia e da política em nosso país. Este trecho, majoritariamente histórico, ajudará a compreendermos como chegamos até aqui e o que devemos fazer para não cometermos os mesmos erros novamente.

— 3.1 —

Inflação

Quando falamos a palavra *inflação*, parece que todos já sabem o que significa. Há, certamente, uma consciência em relação à palavra, que, no senso comum, significa a elevação contínua dos preços de produtos e serviços. Então, se algo, ontem, custava R$ 1,00 e, hoje, custa R$ 2,00, houve uma inflação de 100%. Se olharmos o quanto custava o litro da gasolina em 2011 e o quanto custa hoje, veremos ao quanto de inflação estamos sujeitos ao longo do tempo.

No entanto, tentaremos ir um pouco além, mesmo porque existem diferentes tipos de inflação, como aquela oriunda da demanda, que se manifesta quando existe mais moeda do que bens ou serviços disponíveis, ou aquela de custos, quando os salários inflam, os custos das matérias-primas sobem e a tentativa de lucro também. Existe, ainda, a inflação estruturalista, que ocorre por conta dos fatores estruturais básicos, muito mais profundos na sociedade do que um breve aumento de preços. Por fim, há também a inflação inercial, que atingiu pesadamente o Brasil entre as décadas de 1970 e 1990, como veremos melhor a partir da Subseção 3.1.1.

Então, primeiramente destacaremos que o aumento do preço de um produto uma vez não é considerado inflação. É apenas um aumento. Para ser considerado inflação, é necessário um aumento contínuo e em vários produtos. Como a inflação também se relaciona com o aumento de moeda ou de crédito, está intimamente ligada às políticas governamentais, seja por atuação, seja por omissão. Não existe inflação sem o aumento de moeda (real ou virtual) e, como indicamos no capítulo anterior, o monopólio da emissão de moeda no mundo atualmente é dos governos.

Assim, a banana pode aumentar de preço sem que isso seja sinônimo de inflação. É possível que seja apenas reflexo de um processo de estiagem, ou de muita chuva na plantação, ou de um aumento de preços no mercado internacional que acarretou escassez no mercado interno, ou de uma queda no preço internacional, de modo que os produtores precisaram aumentar o preço para o consumidor nacional em prol da manutenção de seus lucros. Independente de qual seja a razão, isso não se caracteriza como inflação; é apenas o aumento do preço de um produto.

É importante destacar que, normalmente, não existe só uma causa para a inflação. Além disso, as causas normalmente não são motivadas apenas por problemas internos do país. Na grande maioria dos casos, a inflação surge de uma mistura de questões internas com fatores de política econômica internacional. Por exemplo, o país pode ter tido uma estiagem muito grande e, portanto, viu o preço de seus insumos agrícolas aumentarem ano a ano. Ao mesmo tempo, o preço do barril de petróleo pode ter aumentado internacionalmente, o que afeta todo o sistema de distribuição terrestre. Para tornar as contas ainda mais complicadas, com um mundo cada vez mais globalizado, uma paralisação nas fábricas chinesas (como a ocorrida em 2020 por conta da pandemia de covid-19) pode gerar inflação nos Estados Unidos, por exemplo. Determinar todas as causas da inflação é uma tarefa muito complexa e, talvez, até mesmo inalcançável.

Em todos os casos, porém, a inflação é sentida nos bolsos, que perdem capacidade de compra, e principalmente nos bolsos dos menos afortunados, que sofrem mais com qualquer elevação de preços. Pense, a título de ilustração, em uma pessoa que só tem dinheiro para comprar pão e queijo para almoçar. Com a inflação, ela pode perder a capacidade de comprar o queijo. Desse modo, entender esse fenômeno é de suma importância para que as pessoas consigam compreender o que acontece na economia das situações de seu cotidiano.

O primeiro tipo de inflação que detalharemos é a **inflação de demanda**, em que o aumento dos preços é motivado pelo aumento da demanda agregada em relação à oferta, quando a renda das pessoas aumenta sem que a produção aumente. De forma mais clara, ocorre quando as pessoas têm mais dinheiro para gastar e poucos produtos para comprar (Moran; Witte, 1993). Imaginemos que 10.000 pessoas queiram comprar um carro novo lançado pela Alfa Romeo. Elas têm o dinheiro, mas a empresa não tem condições de entregar mais do que 1.000 carros por mês. Como existem, nesse nosso exemplo, mais compradores do que produtos à venda, estes aumentam de preço, por causa da escassez. Todavia, diante disso, muitas dessas pessoas desistem de comprar um Alfa Romeo e procuram outras marcas, como Ford, Volkswagen ou General Motors. Nesse caso, as outras empresas também não conseguem suprir toda a demanda e os preços de seus produtos também aumentam. Depois de alguns meses, todos os carros do país se tornam mais caros.

Este é o processo de inflação de demanda: muitas pessoas querendo comprar e poucos produtos para vender. Logo, quando a renda de parte expressiva da população aumenta, é necessário que a produção também aumente. Se todos passarem a ter melhores salários, é desejável que a produção aumente na mesma proporção.

Outro tipo é a **inflação de custos**, que os liberais atribuem ao aumento do poder dos sindicatos, os quais, por sua vez, reivindicam e conseguem aumentos para suas classes específicas. Quando isso acontece, as empresas precisam pagar mais para seus funcionários e, por isso, aumentam o preço de seus produtos, já que os custos de produção se elevam (Moran; Witte, 1993). Esse tipo de inflação também ocorre quando o preço de um insumo aumenta, de modo que a empresa precisa repassar parcela desse aumento para seu produto final. Imaginemos, então, que os funcionários de uma montadora de carros decidem que merecem ter aumento. Se todos tiverem um incremento de, digamos, 15% em seu salário, o preço do automóvel produzido muito provavelmente terá parte desses 15% incorporados. Ou, então, pensemos em outra situação, em que a borracha usada na produção dos pneus tem um aumento internacional de 15% — esse custo também será repassado ao consumidor. Tudo isso gera inflação.

A cadeia produtiva é um mecanismo complexo, que envolve inúmeras pessoas e fornecedores. Em um carro, por exemplo, cada componente pode vir de um fornecedor diferente — motor, lataria, vidros, parte elétrica, parte hidráulica, pneus, bancos, macaco e triângulo, e assim sucessivamente. Qualquer um desses "pedaços" pode gerar aumento no preço final do automóvel. Se os funcionários da área de vidraçaria, pintura ou elétrica conseguem um aumento em seus vencimentos, também há impacto no valor cobrado do consumidor.

Ademais, há a **inflação estrutural**, inerente às relações comerciais internacionais ou internas em cada país. Por exemplo, um país predominantemente agrário, ao negociar com um país eminentemente industrial, normalmente está em situação de inferioridade. Os produtos agrícolas são vistos como *commodities*, ou seja, matérias-primas para outros produtos, e podem ser estocados sem muitos problemas. Trata-se de produtos de fácil manejo e obtenção, que qualquer país tem condições de produzir, como trigo, madeira, ferro ou leite. Portanto, são baratos. Já os produtos industrializados normalmente só podem ser comprados de algumas empresas que detêm tecnologia para sua manufatura, logo, dadas a escassez e a dificuldade tecnológica de produção, são mais caros. Os serviços são ainda mais especializados e, normalmente, existem poucas empresas que podem desenvolvê-los. Quantas empresas no mundo podem fazer o sistema operacional utilizado no seu *smartphone*? Quantas empresas podem criar um sistema de buscas realmente eficiente para a internet? Assim, um país periférico simplesmente não tem condições de competir e, por conseguinte, suas empresas estão à mercê dos preços internacionais, que podem variar e acrescer a inflação (Vieira Pinto, 2007).

A última forma de inflação que comentaremos é a **inflação inercial**, que é quase uma questão psicológica (Leitão, 2011). Nela, os preços aumentam simplesmente porque aumentaram antes. Diante disso, as pessoas acostumam-se com esses aumentos sucessivos e não há como parar esse fluxo, uma vez que não está amparado em nenhuma base efetivamente estrutural, financeira ou monetária. Em um exemplo simplista, uma pessoa acostuma-se que o saco de arroz custe R$ 1,00 em janeiro, R$ 2,00 em fevereiro, R$ 4,00 em março, R$ 8,00 em abril, e assim sucessivamente. Na maior parte desses casos, os salários aumentam mais ou menos na mesma proporção, logo o cidadão mal percebe a inflação em seu poder de compra. O problema é que nem todos têm salário, tal que os pobres se tornam cada dia mais pobres.

A inflação inercial é a mais perigosa, pois os indivíduos param de se preocupar com ela e, como uma doença insidiosa, só percebem o problema quando já é tarde demais. Isso aconteceu no Brasil entre os anos 1970 e início dos anos 1990.

Cabe ressaltar que a inflação, ou seja, a alta generalizada dos preços, é relativamente recente na economia mundial, tanto que sequer se contabilizavam inflações na Europa até o término da Primeira Guerra Mundial. Inclusive, foi a partir dessa guerra findada em 1919 (ou seja, há pouco mais de um século) que esse mal começou a afligir o mundo. A inflação surgiu quando as grandes potências mundiais, quebradas financeiramente pelos gastos com uma guerra muito extensa e muito custosa, decidiram aumentar os custos de vida de suas populações para pagar as despesas bélicas. Até o período da guerra, preços subiam de tempos em tempos, mas, em geral, voltavam ao mesmo *status* depois de certo tempo. Até 1914, o máximo de inflação registrada nos países europeus foi 0,3% ao ano. Muitas vezes a inflação chegava a ser negativa, principalmente quando novas formas de manufatura de um produto surgiam (Piketty, 2014). Isso, claro, não se aplica ao Brasil, que desde a vinda de D. João VI e sua corte, em 1808, iniciou seu processo inflacionário.

Essa questão é tão interessante que muda até mesmo a forma como compreendemos o mundo. Por exemplo, ao sabermos que um ingresso para o cinema custava US$ 0,10 nos Estados Unidos na década de 1950, podemos considerá-lo barato, mas não era. Proporcionalmente, é só um pouco menos caro do que hoje. Isso ocorre porque houve inflação, ou seja, os preços mudaram. Para entendermos o valor das coisas no passado, é necessário um exercício de matemática ou de economia. Não era assim no século XI ou no XVIII. Um romance escrito no século XVI era facilmente compreendido nos séculos XVII, XVIII e XIX, pois os valores pouco mudavam. Se, no livro, houvesse uma passagem em que uma mulher diz a uma amiga que comprou um sapato por determinado valor, não haveria significativa diferença 200 anos depois.

Quando o Plano Real – que abordaremos adiante – foi implantado, em 1994, o salário-mínimo era R$ 64,79 e um quilo de arroz custava R$ 0,64, o filé mignon custava R$ 6,80 o quilo, o ingresso para a melhor sala de cinema valia R$ 5,00 e um carro popular, R$ 7.000,00. Avalie quanto custa cada uma dessas coisas hoje. Esse é o poder da inflação. Quando ela está sob controle e os preços sobem gradativamente, a população mal a percebe ou só a percebe em comparações com 25 ou 30 anos de diferença. Se antes os preços praticamente não se alteravam por séculos, a partir do final da Primeira Guerra Mundial e, principalmente, no final da Segunda Guerra, momento em que os países precisavam pagar as contas de seus conflitos, os preços começaram a ter alterações tão drásticas que, em muitos casos, era difícil a compreensão de textos ou costumes monetários depois de um tempo (Piketty, 2014).

Porém, nem sempre a inflação é tão sutil. Existem casos em que ela se torna muito evidente, e o maior exemplo disso na história aconteceu na Alemanha no período da República de Weimar, entre as duas grandes guerras. Naquela época, sobretudo em 1923, os preços subiam tão rapidamente e o salário diminuía de forma tão abrupta que se faziam chistes com a situação. O mais famoso deles diz que um sujeito chegou em uma cafeteria em Berlim e pediu um café. Pagou imediatamente o que lhe pediram pelo café: 5.000 marcos alemães. O alemão tomou seu café com calma e leu o jornal do dia. Pediu um novo café. O garçom anunciou: "São 9.000 marcos alemães, senhor". Quando o cliente se espantou com o preço, o funcionário continuou: "Se o senhor queria dois, porque não pediu os dois de uma vez e economizou?". Ainda que essa narrativa seja uma anedota, ela refletia a realidade alemã da época, em que um produto podia até dobrar de preço no espaço de poucas horas.

A hiperinflação destruiu a economia alemã de tal maneira que boa parte da população ficou miserável. Na época, muito foi feito para contê-la, de congelamentos (como do preço do trigo e da batata) até moedas virtuais (Leitão, 2011). O final dessa história provavelmente você já conhece: o nazismo. É possível, portanto, dizer, talvez com um pouco de exagero e simplificação, que a inflação exacerbada da Alemanha culminou na morte de milhares de judeus e soldados.

A inflação, para muitos economistas, pode ser vista como o maior castigo para os pobres. Afinal, são eles que normalmente não têm aplicações capazes de render com os juros altos que normalmente acompanham o processo inflacionário. Os comerciantes também sofrem, já que fica cada vez mais difícil aumentar os preços de seus produtos de forma a efetivamente driblar os efeitos nefastos do aumento do custo de vida e, com o menor poder de compra da população, as vendas tendem a cair. Assim, é possível afirmar que o principal efeito da inflação não é exatamente diminuir o poder de compra dos assalariados, porque os salários aumentam junto. O efeito mais prejudicial incide sobre a parcela da população que não recebe salários, pois a distribuição de renda fica extremamente complicada, de modo que os ricos enriquecem e os pobres empobrecem.

Para ilustrar esse fenômeno, basta imaginarmos uma cantina italiana. Um restaurante desses, para fazer uma lasanha, precisa de queijo, trigo e tomates. Se, no início da operação do restaurante, o pacote de cinco quilos de trigo custava R$ 10,00 e, depois de um ano, passou a custar o dobro, a cantina precisou repassar o preço aos clientes. No entanto, esses clientes também perderam parte de seu poder de compra, tal que aqueles que semanalmente degustavam a lasanha começam a ir ao restaurante apenas uma vez por mês. O dono do estabelecimento decidiu, então, diminuir seus custos, comprando um trigo de pior qualidade. Com isso, as pessoas, além de terem menos dinheiro para consumir, param de querer gastar em um produto que perdeu qualidade.

Diante de tudo isso, os governos devem se responsabilizar por manter a inflação sob controle. Com políticas de controle de juros, de emissão de moeda e de crédito e de saneamento de contas públicas, os Estados conseguem frear o processo de elevação de preços. Por exemplo, podem determinar uma meta de inflação para o ano ou para o mês. Quando essa meta é perseguida e executada pelo governo, os números estabilizam-se ao longo do tempo e as famílias, sobremaneira as mais pobres, conseguem sobreviver sem maiores sobressaltos (Singer, 2015).

Entretanto, quando os governos decidem gerar inflação para pagar suas próprias contas, temos o pior dos mundos. Em muitos momentos, Estados geram moeda simplesmente para pagarem seus custos. Alguns talvez se justifiquem, como a reconstrução de um país após uma guerra, mas outros são completamente evitáveis, como quando o Estado começa a inchar, colocando funcionários demais na máquina administrativa estatal, gerando burocracia e ineficiência ou realizando obras desnecessárias e eleitoreiras, cuja finalidade é garantir a vitória no pleito seguinte.

É valioso salientarmos que, quanto mais a pessoa sabe lidar com o dinheiro, melhor ela consegue sobreviver em um mundo inflacionário. A inflação normalmente destrói a economia de quem não sabe investir. As pessoas que guardam seu dinheiro no colchão simplesmente são vencidas pela inflação e, ao fim de algum tempo, facilmente têm seu dinheiro reduzido a nada.

Infelizmente, no Brasil vivenciamos um mundo de inflação; pior ainda, para muitos analistas, um mundo de hiperinflação (Caldeira, 2017). A seguir, analisaremos o processo inflacionário no país em vários momentos da nossa história.

— 3.2 —
O último governo militar

A inflação é uma velha conhecida dos brasileiros. Ainda que ela tenha se tornado uma calamidade da metade da década de 1980 até a metade da década de 1990, já nos acompanha, conforme pontuamos, desde a vinda de D. João VI para o Brasil, em 1808. À época, o imperador ordenou a emissão de mais moeda para financiar a própria viagem da corte para o Brasil, quando fugiu de Portugal com medo dos avanços militares de Napoleão. Seu filho não fez melhor, D. Pedro I bancou a independência do Brasil fabricando moedas. Um pouco depois, no início da República, Rui Barbosa, primeiro ministro da Fazenda, permitiu o aumento descontrolado da impressão de moedas, agravando o quadro. Cada nova retomada do Brasil foi acompanhada por uma inflação galopante, uma vez que, para bancar os custos da operação, os mandatários simplesmente mandavam cunhar mais moeda.

No alvorecer do século XX, a inflação foi domada. Isso aconteceu principalmente porque – assim como a maior parte das nações do mundo àquela altura – o Brasil decidiu que apenas o governo emitiria moeda, o que permitiu controlar a situação inflacionária com mais rigor. Até a década de 1930, mesmo com o primeiro "milagre econômico", no qual o governo de Getúlio Vargas garantiu estrutura básica para as indústrias (na época, energia e formas de escoar a produção por meio de transportes), a inflação manteve-se controlada. Ainda que o país sofresse muito com as oscilações do café e da borracha, seus principais produtos de exportação, no médio prazo houve um controle relativamente eficaz.

No entanto, depois da década de 1930 e, principalmente, da Crise de 1929, que, como analisamos, mudou até mesmo a forma de entendimento da economia, a inflação infiltrou-se no país. Em 1942, quando a inflação estava em 20% ao ano, o governo trocou a moeda e o cruzeiro substituiu o mil-réis, que existia até então. Por mais 20 anos o "monstro" permaneceu adormecido, crescendo lentamente, sem que as pessoas se dessem conta. Nos anos 1960, a inflação cresceu bastante, o suficiente para motivar uma reação política que culminou no Golpe Militar de 1964. Boa parte da inflação desse período havia surgido com o plano desenvolvimentista do presidente Juscelino Kubitschek, que governou entre 1956 e 1961, prometendo "50 anos em 5", com a ampliação do fornecimento de energia e das estradas de rodagem, além de incentivos para montadoras de automóveis se instalarem no país, melhorias nas indústrias de base e, especialmente, a mudança da capital do Brasil, que até então era o Rio de Janeiro, para Brasília, uma cidade projetada no meio do cerrado brasileiro (Fausto, 2013).

Quando o novo presidente, Jânio Quadros, foi eleito e renunciou, em 1961, o Brasil ficou com um presidente frágil, João Goulart, e uma dívida externa altíssima, fruto da construção de Brasília e do projeto desenvolvimentista. Isso, como pontuamos, motivou o golpe militar, com apoio de inúmeros setores da sociedade que viam nos militares uma chance de sair daquela situação política e econômica desconfortável.

Os militares, por sua vez, para subsidiarem o crescimento do país, criaram a correção monetária, ou seja, um cálculo aplicável em operações financeiras para compensar a inflação do mês anterior. Quando isso foi posto em prática, a inflação baixou de 80% para apenas 20% ao ano, já que se controlava a forma como as entidades gastavam seu dinheiro. O problema da correção monetária é que ela garantia o crescimento do Produto Interno Bruto (PIB) do país, pois auxiliava os proprietários; mas esse índice não era aplicável aos salários — ou seja, com o passar do tempo, a inflação corroía o salário, só que não as propriedades, deixando, novamente, os ricos mais ricos e os pobres mais pobres (Silva, 2012).

De todos os problemas que o Brasil teve entre as décadas de 1970 e 1990, no campo econômico, nenhum chegou perto da questão inflacionária. A vida das pessoas era afetada diariamente.

As desigualdades aumentaram, o caos reinou por um tempo, muitos planos "milagrosos" foram criados.

Apesar desta breve introdução à história da inflação no Brasil, neste livro, abordaremos de forma mais consistente os planos econômicos e o problema inflacionário apenas a partir do último governo militar e da transição democrática, demonstrando a relação entre economia e política. Caso haja interesse em saber mais sobre todos os planos econômicos no Brasil, indicamos a leitura do livro *História da riqueza no Brasil*, de Jorge Caldeira (2017).

De 1964 a 1985, o Brasil esteve sob o governo militar (Fausto, 2013). O último dos presidentes militares foi João Figueiredo, que assumiu a presidência em março de 1979 com a missão de devolver o governo ao povo, em um processo de recriação da democracia brasileira. Já em sua posse, Figueiredo colocou o antigo ministro da Fazenda, Antônio Delfim Netto, na posição de ministro da Agricultura. Assim, o presidente poderia pensar melhor no principal problema que afligia o Brasil do período: a inflação.

Já no início de seu governo, Figueiredo deparou-se com uma grande quantidade de greves de trabalhadores na região do ABC Paulista, a mais industrializada do país naquele momento. Naquela época, o maior líder sindical do Brasil era Luiz Inácio Lula da Silva, que conseguiu parar 160 mil trabalhadores para exigirem 78% de aumento salarial (Skidmore, 1988). No período, a inflação nominal do país estava em 45% ao ano, ou seja, se um chocolate custasse Cr$ 100,00 (cem cruzeiros) em janeiro de

1978, em janeiro de 1979 custaria Cr$ 145,00. Ao final da greve, com mais de 200 prisões – no regime militar toda greve era passível de prisão – e um período sem salários, os trabalhadores voltaram ao batente com um aumento de 63%. Com esse desfecho, os empresários perceberam que poderiam negociar diretamente com seus funcionários, da forma como preconizavam tanto Adam Smith quanto Karl Marx. Devido às condições de trabalho e, principalmente, às condições econômicas dos trabalhadores, com a inflação "comendo" boa parte dos salários, somente em 1979 ocorreram 400 greves entre janeiro e outubro (Santos, 2014).

Em março de 1979, Delfim Netto voltou a ser ministro da Fazenda, com a principal incumbência de diminuir a inflação. Para isso, porém, pensou que mais gastos acarretariam aumento na demanda e imaginou um novo "milagre econômico", ou seja, uma época de fartura tão grande quanto ocorrera dez anos antes, quando uma série de medidas econômicas implementadas pelo próprio Netto promoveu um grande crescimento no país (Fishlow, 1988). Entre 1968 e 1973, durante principalmente o governo de Emílio Médici e sob a batuta de Netto, o PIB do Brasil cresceu 11% ao ano. Nessa mesma época, foram criados o Banco Central e mais 274 estatais, ou seja, empresas do governo. Além disso, grandes obras foram encampadas pelo Estado, como a ponte Rio-Niterói, a rodovia Transamazônica, a Zona Franca de Manaus e a Usina Hidrelétrica de Itaipu. Com isso, mais empregos eram gerados a todo momento e sempre havia dinheiro para essas obras faraônicas.

No período militar, havia uma distorção chamada *conta--movimento* (Leitão, 2011). Por ela, o Banco do Brasil trabalhava sem nenhum sistema de consolidação, sem lastro, ou seja, as contas militares não fechavam durante o dia e o Banco do Brasil mandava o Banco Central imprimir mais moeda para cobrir o rombo diário. Por causa desse recurso, o principal banco do país podia até ter uma administração descuidada, mas sempre havia moeda para sustentar as extravagâncias governamentais. Como você deve imaginar, essa conta sem lastro ajudou sobremaneira a aumentar drasticamente a inflação do Brasil. Como estávamos sob um regime ditatorial, não se podia questionar esse tipo de manobra e, com o passar do tempo, as pessoas simplesmente acostumaram-se com a prática, tornada comum. Para um bancário dos anos 1980, não era nem um pouco assustador simplesmente mandar "fazer dinheiro", porque esse era o procedimento.

Essas medidas se mostraram erradas e, em novembro de 1979, a inflação beirava 100% ao ano, ou seja, um produto dobrava de preço em 12 meses. Com isso, decidiu-se que o ajuste salarial deveria ser feito a cada seis meses, para que as pessoas não perdessem totalmente seu poder de compra. Nesse período, os trabalhadores que recebiam menos de três salários-mínimos por mês tinham seus salários reajustados automaticamente de acordo com a inflação do período. Portanto, se, em outubro, a inflação aumentasse 10%, em novembro, o trabalhador receberia o salário mais os 10% de inflação. Todavia, nem todas as pessoas no Brasil recebiam menos de três salários-mínimos e acabaram ficando sem reajuste. Assalariados que ganhavam mais de três salários-mínimos, comerciantes, pessoas que trabalhavam por comissão etc. simplesmente perdiam poder de compra mês a mês.

Para tentar frear a escalada inflacionária, Netto desvalorizou a moeda em 30%, em dezembro de 1979, e, em janeiro de 1980, prefixou a taxa de desvalorização e de indexação sobre as obrigações financeiras para o ano de 1980 inteiro. Além disso, decidiu diminuir o crédito, para que as pessoas parassem de gastar e a inflação se contivesse. O plano de Delfim Netto era que a inflação de 1980 não atingisse 45% (Fishlow, 1988). Todavia, não foi o que aconteceu.

Ao findar o ano de 1980, a inflação estava na casa dos três dígitos, isto é, ultrapassava 100% ao ano. Isso porque o aumento exponencial dos salários da população mais pobre, reajustado mês a mês, uma oferta grande de produtos e serviços acompanhada do aumento do consumo e o crescimento das importações faziam o cruzeiro ser suscetível ao preço do dólar e do petróleo, o que derrotou o plano do ministro. Assim, com a inflação atingindo recordes a cada mês, as taxas de juros tornaram-se negativas, os gastos aumentaram muito e a moeda brasileira foi supervalorizada, prejudicando as exportações do país.

Mesmo com todas as manobras de Netto, em dezembro de 1980, registrou-se inflação de 121% ao ano. No ano seguinte, diminuiu um pouco, para 94%, só que, para isso, o governo liberou novo afluxo de capital para o Brasil, ou seja, "comprou" mais dinheiro, endividando-se cada vez mais. O aumento da dívida externa brasileira ocorreu em uma tentativa de brecar a inflação. Apenas para termos noção, o endividamento brasileiro com os bancos externos triplicou em apenas três anos e a inflação não cedeu (Leitão, 2011).

Nessa época, um grupo de economistas encontrou-se na Pontifícia Universidade Católica do Rio de Janeiro (PUC-RJ), entre os quais, André Lara Resende e Pérsio Arida, que, um pouco antes, tinham concluído seus doutorados nos Estados Unidos. Os dois criaram um plano teórico para livrar o Brasil da inflação e cujo nome derivava de seus sobrenomes: **Larida**.

De acordo com o Larida, a inflação no Brasil era inercial, ou seja, os preços aumentavam em março simplesmente porque tinham aumentado em fevereiro, e aumentaram em fevereiro porque tinham aumentado em janeiro, e assim sucessivamente (Santos, 2014). Com isso, o indicador monetário da inflação futura era a inflação passada. Todos os contratos, fossem de bens, fossem de serviços, eram corrigidos apenas pela inflação do mês anterior, não seguindo nenhuma outra tabela ou cálculo. Assim, tal qual um objeto no vácuo do espaço, a simples inércia fazia com que a inflação nunca parasse de crescer. Ela crescia só porque crescia, como se fosse uma obrigação psicológica da sociedade.

No plano de Arida e Lara Resende, havia três pilares: reforma monetária, indexação total e choque heterodoxo. A ideia era a seguinte: primeiramente criar uma nova moeda, que se chamaria *novo cruzeiro*. Na verdade, não seria bem uma moeda, mas um indexador de preços atualizado diariamente. Com isso, aos poucos, todos os depósitos bancários e transações seriam convertidos nesse novo indicador. Quando a adesão fosse total, esse indexador seria convertido em uma nova moeda (Leitão, 2011). Quem viveu o ano de 1994, provavelmente, sabe que esse conceito foi a base do Plano Real. Porém, ainda a propósito de 1983, muitos interesses governamentais deixaram o Plano Larida descaracterizado ou implementado pela metade, o que só resultou em mais problemas.

Em 1983, o Brasil tentou renegociar sua dívida com o Fundo Monetário Internacional (FMI), o grande consórcio de bancos credores do país, ou seja, as entidades que emprestavam dinheiro ao país. O Estado brasileiro apresentou uma carta de intenções em que se comprometia a cumprir metas fiscais e monetárias, bem como seguir as políticas cambiais e tarifárias estabelecidas pelo FMI. Com isso, a economia entrou em grave recessão, decrescendo a cada mês. As pessoas tinham cada vez menos dinheiro e, por conseguinte, gastavam menos, o que, por sua vez, diminuía o tamanho da indústria, gerando desemprego ou diminuição de salários, tal que a renda da população diminuía, recomeçando o ciclo descendente da economia.

Com essa desaceleração econômica, a indústria caiu 23% naquele ano e, com isso, tinha cerca de 50% de sua capacidade sem utilização, ociosa. Ao fim de 1983, o desemprego nas regiões metropolitanas de Rio de Janeiro e São Paulo aumentou 15%, e o emprego na indústria caiu 26% em São Paulo e 30% no Rio de Janeiro (Skidmore, 1988). Além disso, nos últimos meses do ano, a inflação atingiu inigualáveis 211%, um desastre econômico. Tentaremos exemplificar: digamos que um gibi do Pato Donald em janeiro de 1983 custava Cr$ 100,00; em dezembro, custava Cr$ 310,00. Em 1984, a coisa piorou ainda mais. A inflação chegou a quase 450%, superando a marca de 35% ao mês.

Você já reparou que pessoas que viveram a década de 1980 têm o costume de fazer "compra do mês"? Isso é um movimento originário da inflação. Se uma pessoa recebesse seu salário no dia 1º do mês e fosse fazer compra no dia 30, poderia comprar apenas 65% do que compraria se fosse no dia em que recebeu o salário. Se no dia do pagamento podia comprar dois sacos de arroz, dois de feijão, duas latas de azeite, dois sacos de batata e dois litros de leite, no final do mês só poderia comprar um de cada item desses. Coloque-se nesse lugar e perceba como é desesperador. Milhões de brasileiros chegavam em casa cansados e ainda tinham que enfrentar filas em supermercados lotados de pessoas que recebiam no mesmo dia. Caso deixassem para ir no dia seguinte, comprariam menos itens para si e sua família. Diariamente o salário diminuía e as pessoas se viravam como conseguiam. Todavia, essa situação ainda piorou bastante.

Em 15 de janeiro de 1985, por meio do Colégio Eleitoral (ou seja, as pessoas não podiam votar, quem votava eram os membros do Poder Legislativo em nível federal), Tancredo Neves foi eleito presidente do Brasil, com José Sarney como vice. Neves, porém, nunca foi empossado, pois morreu em 21 de abril de 1985, vítima de diverticulite e subiu a rampa do planalto em um caixão.

— 3.3 —
Governo José Sarney

Com a morte de Tancredo Neves, José Sarney foi empossado presidente do Brasil. Contudo, ele não estava à altura do cargo, mesmo porque foi cogitado como vice-presidente apenas porque pertenceu ao Arena, partido dos militares. Tancredo Neves, por sua vez, não explicou para seu vice como pretendia governar (Santos, 2016). Naquele momento, a inflação era de 300% ao ano — ou seja, uma mercadoria comprada por Cr$ 300,00 no início do ano custava Cr$ 900,00 no final. O ministro da Fazenda era o sobrinho de Neves, Francisco Dornelles. Neves sabia que, além da inflação, a dívida externa brasileira era a maior do planeta. Graças aos empréstimos tomados pelos militares, quando Sarney assumiu, o país lidava com uma conta literalmente impagável.

É importante destacar que, no início do período militar, o país crescia cerca de 9% ao ano. Com isso, mesmo que existisse inflação, ela era suplantada pelo crescimento global. Porém, tudo isso mudou quando a inflação atingiu três dígitos. Se os preços dobram em um ano, uma série de distorções ocorrem. Pense em uma mercadoria que você quer comprar. Agora, imagine que, no final do ano, ela custará o dobro do preço e seu salário não acompanhará esse valor. É assustador, não? Por esse motivo, entre 1984 e 1994 a inflação foi o inimigo público número um de todos os governos brasileiros.

Em agosto de 1985, Dornelles saiu do ministério e a pasta ficou sob o comando de Dilson Funaro. Uma das primeiras estratégias do novo ministro foi mudar o índice de inflação. Antes existia o Índice de Preços ao Consumidor (IPC), em novembro de 1985, surgiu o Índice Geral de Preços (IGP). A única função deste último foi maquiar o tamanho da inflação, que, com ele, sempre pareceria mais baixa do que verdadeiramente era. Apenas a título de comparação, a inflação de 1985 foi 360% ao ano, mas no novo índice. Se fôssemos olhar o índice anterior, a inflação seria de 454% no mesmo período (Leitão, 2011). Era o governo mentindo sobre o bolso da população. Com isso, a popularidade do presidente José Sarney despencava mês a mês. Desse modo, ou ele combatia a inflação, ou provavelmente perderia o cargo.

Sarney ficou desesperado e encomendou a Funaro algo que tirasse o país da crise de forma rápida. O ministro, então, ofereceu um plano com um "choque heterodoxo", o plano Larida, que comentamos. Contudo, o Larida não agiria de forma rápida. Criar uma moeda virtual como indexadora e fazer uma lenta conversão com a convivência de duas moedas não era uma coisa que Sarney esperava. Ele queria uma solução rápida e, talvez, milagrosa. Além disso, os militares tinham acabado de sair do poder e várias alas dos quartéis queriam voltar. A incompetência do presidente era latente. Era um momento de muita fragilidade política e, como dissemos, Sarney estava desesperado. Com a projeção de inflação em 500% para o ano de 1986, o mandatário da nação decidiu colocar uma data para o lançamento de seu plano salvador: 28 de fevereiro de 1986. No entanto, esse plano sequer estava completo (Santos, 2016).

Até o dia do lançamento do plano, tudo ainda não estava decidido. Inclusive, foi apenas nos instantes finais que o pacote econômico tomou uma forma definitiva, tentando agrupar duas forças que, naquele momento, não se coadunavam: a economia e a política. A economia interferiu demais na política; a política, na economia. Assim, o plano virou uma espécie de monstro de Frankenstein, com um pedaço apontando para cada lado. Seu aproveitamento político, com ideias populistas e que aumentaram a popularidade do presidente, foram a ruína do plano, como veremos a seguir.

A característica principal do chamado **Plano Cruzado** foi a substituição da moeda cruzeiro pelo cruzado na proporção de 1.000 para 1, ou seja, cada Cr$ 1.000,00 virava Cz$ 1,00 (um cruzado). O motor central do Plano Larida, como comentamos, seria a indexação com base em uma moeda virtual. Isso não foi feito por Sarney, que considerou a ideia muito complicada. Em vez disso, o presidente decidiu congelar os preços por tempo indeterminado, ou seja, tudo no país continuaria com o mesmo preço do dia 27 de fevereiro de 1986. A ideia do congelamento veio de outro economista da PUC-RJ, Chico Lopes, segundo o qual, o congelamento ajudaria psicologicamente as pessoas, pois apagaria de suas mentes a ideia da remarcação de preços constante. Essa perspectiva também era válida e poderia ter dado certo, desde que posta em prática de outra maneira. No Plano Cruzado, o salário-mínimo seria reajustado por seu valor médio nos últimos seis meses mais um aumento de 8%. Além disso, caso a inflação chegasse a 20% no mês, haveria um aumento automático, chamado *gatilho salarial*, que compensaria as perdas inflacionárias do período (Moran; Witte, 1993).

Outras medidas foram tomadas, como a liberdade de negociação entre patrões e empregados no aumento dos salários e nos gatilhos e a mudança das políticas cambiais do país. A partir desse momento, o Banco Central decidiria como, quando e quanto desvalorizar o cruzado.

Com uma população muito machucada pela inflação, o plano teve aceitação imediata. As donas de casa do Brasil viraram "fiscais do Sarney". Elas conferiam as tabelas de preços e denunciavam aos berros os estabelecimentos comerciais que remarcavam os valores dos produtos. Crianças escreviam em redações que Sarney era seu ídolo. A inflação realmente arrefeceu, ao mesmo tempo que a popularidade do presidente subiu a níveis nunca alcançados anteriormente. Em algumas pesquisas, Sarney tinha mais de 90% de apoio popular (Pilagallo, 2006). Em pouco mais de um mês, o presidente e seu ministro, Dilson Funaro, viraram heróis nacionais. Entretanto, como diz o provérbio, o que fácil vem, fácil vai.

Entre março e maio de 1986, a inflação no país estava controlada em cerca de 3,38% (Leitão, 2011). Os comerciantes não conseguiam aumentar os preços. Como era proibido, sempre havia alguma pessoa controlando as remarcações. Qualquer um poderia ligar para a Superintendência Nacional de Abastecimento (Sunab) e fazer uma denúncia. Além disso, com o congelamento, o poder de compra dos brasileiros subiu muito e o comportamento das pessoas mudou, gerando uma euforia nunca vista no país. Imaginemos: as pessoas estavam acostumadas a verem os produtos encarecendo mês a mês ou até mesmo dia a dia e, de repente, não se pode mais aumentar preços. Os cidadãos – principalmente os mais simplórios – imaginaram que aquilo não duraria muito e passaram a estocar alimentos. Os comerciantes e as indústrias não estavam preparadas para esse comportamento, de modo que os produtos simplesmente começaram a sumir das prateleiras. As pessoas compravam o que viam na frente, mas não havia produção suficiente no país. Com isso, o índice de preços começou a ficar falho, uma vez que alguns produtos simplesmente não eram encontrados no mercado.

Com base nesse momento histórico, podemos perceber o que acontece quando o controle extremo do mercado se alia à má-fé: o ágio, ou o aumento ilegal dos produtos. Isso funcionava da seguinte forma: os produtores deixavam as mercadorias acabarem e não repunham nos supermercados. Quem quisesse comprar, teria que pagar uma taxa extra – ilegal – para o vendedor, que, por sua vez, comprava ilegalmente – também mais caro – dos produtores. É importante destacar que, mesmo sendo uma prática ilegal, as pessoas se sujeitavam a pagar, porque não estamos falando de supérfluos, como uma televisão ou um forno de micro-ondas. Os itens que faltavam no Brasil eram os mais básicos: leite, farinha, ovo, sabonete, papel higiênico etc. Qual pai ou mãe não pagaria um dinheiro a mais para poder dar leite a seu filho pequeno?

Essa época foi tão maluca que um carro usado valia mais do que um novo, porque aquele poderia ser comprado e este simplesmente não existia. Portanto, mesmo que uma pessoa quisesse comprar um carro novo e tivesse dinheiro, isso não seria possível. As revendas de carros usados faturaram muito bem nesse período, porque não havia tabela para produtos usados. Essa situação se estendia a outras mercadorias: as coisas usadas valiam mais do que as novas simplesmente porque o governo não teria como influenciar no preço. Os jornais anunciavam escândalos de pequenos mercados que abriam os eletrodomésticos e propositalmente jogavam fora as caixas, a fim de os vender pelos preços que imaginavam ser corretos, e não pela tabela da Sunab.

A saída do governo foi importar itens básicos para forçar a indústria nacional a colocá-los de volta nas prateleiras dos brasileiros. No entanto, como o Brasil é um país muito burocrático, a importação teve resultados desastrosos. Primeiramente, foram importadas mercadorias que não eram de primeira necessidade, como queijos finos e vinhos. Depois, foi a vez do milho argentino, que vinha de trem; na chegada ao Brasil, constatou-se que as bitolas dos trilhos do trem eram diferentes, tal que a carga precisava cruzar o país em caminhões, o que acarretava o apodrecimento da maior parte do milho antes mesmo que chegasse ao mercado. O governo comprou carne europeia com prazo de validade vencido e a carne italiana, mais do que vencida, estava com suspeita de febre aftosa. O pior episódio de todos foi o do leite importado da antiga União Soviética, tirado das vacas de Chernobyl, ou seja, contaminado com radiação proveniente do acidente nuclear ocorrido em abril de 1986 (Santos, 2014).

Em suma, por conta da ineficiência do governo, os brasileiros continuavam em filas e pagando ágio. Com isso, o Estado tentou contemporizar e começou a subsidiar em 30% os produtores de leite e derivados, já que ter vacas e extrair delas alimentos simplesmente dava prejuízo. Para satisfazer a indústria automobilística, Sarney e Funaro decretaram um empréstimo compulsório para a compra de veículos e combustíveis. Essas breves alterações no plano original foram chamadas de *Cruzadinho*, uma tentativa fracassada de emendar o Plano Cruzado (Moran; Witte, 1993). O plano poderia ter sido corrigido, como diversos economistas alertaram o presidente. Porém as medidas necessárias seriam impopulares e Sarney não queria comprometer sua popularidade, pois haveria eleições gerais em novembro, quando todos os cargos eletivos do país seriam disputados, com exceção da presidência. Com a popularidade do presidente em alta, as pessoas votaram massivamente em seu partido, o PMDB. Em um processo infelizmente muito conhecido dos brasileiros, um dia depois das eleições, um novo pacote de medidas econômicas foi anunciado, o chamado **Plano Cruzado II**.

Com esse novo plano, o governo acabou com o congelamento de preços, liberou os aluguéis, aumentou os impostos sobre cigarros e bebidas, elevou as tarifas de serviços públicos, como luz e água, e aumentou a carga fiscal. A ideia por trás desses aumentos era incrementar a receita tributária e controlar o déficit fiscal. O problema é que muitos dos aumentos estavam represados. Um dia depois do lançamento do plano, o preço da gasolina aumentou 60%, o da energia e o da telefonia aumentaram 120%, os dos automóveis, 80% e os dos cigarros e das bebidas, 100% (Dória, 2012).

O povo, que foi pego de surpresa, naturalmente não gostou. Imagine que você acordou um dia e descobriu que vai pagar mais do que o dobro na conta de luz e o dobro na cerveja. As pessoas revoltaram-se e o dia 21 de novembro de 1986, uma sexta-feira, ficou conhecida como *Badernaço*, com uma série de manifestações violentas na capital do país, incluindo centenas de brasileiros que subiram no Palácio do Planalto gritando palavras de ordem e ameaçando o presidente. Veículos foram incendiados, agências do Banco do Brasil e da Caixa Econômica foram depredadas, lojas foram saqueadas e o Exército teve que intervir para acalmar a população. Uma semana depois, novamente houve depredações, incêndios e saques (Emanuel; Araújo; Varela, 2014). A popularidade do presidente começou a despencar.

Apesar de avisados, os economistas que trabalhavam diretamente com o governo não previram que a psicologia inflacionária ainda estava presente no cotidiano dos brasileiros e que, quando foi anunciado o fim do congelamento, os preços começaram a alterar-se diariamente, tal qual era feito antes do Plano Cruzado. Essa tendência inercial, somada a um ano de represamento de preços, fez a inflação disparar novamente. Em novembro de 1986, ela foi de 3%, em dezembro, estava em 7% e, em janeiro de 1987, chegou a 16% (Leitão, 2011).

Em fevereiro de 1987, estava claro que o plano havia fracassado. O presidente do Brasil, em rede nacional de rádio e televisão, anunciou que não pagaria a dívida externa, colocando a culpa nos credores internacionais pela ineficiência de sua política econômica. O pronunciamento pareceu um enfrentamento, um ato de coragem do presidente, mas, na realidade, o Brasil estava falido e realmente não tinha condições de pagar a dívida acumulada desde o tempo dos militares, ainda mais agravada pela gestão econômica de Sarney. A economia, então, colapsou.

O sistema produtivo brasileiro estava desorganizado, não se sabia exatamente o estado financeiro dos compradores, as reservas das empresas e do país estavam esgotadas, não havia dinheiro para comprar matéria-prima e os preços começaram a subir de forma absurda. Desgastado e sem credibilidade, de herói a vilão em poucos meses, o ministro Dilson Funaro foi demitido em maio de 1987.

A missão do próximo ministro da Fazenda, Luiz Carlos Bresser-Pereira, era tirar o Brasil dessa enrascada. Para isso, precisava voltar a pagar a dívida com credores externos e teria que encontrar um meio para estabilizar a economia interna. Assim, mais um plano econômico foi criado, o **Plano Bresser**.

Anunciado em 12 de junho de 1987, Bresser-Pereira imaginava que seu plano deveria ser transitório (Laboratório Brasil, 2007), funcionando como uma estratégia de contenção para que, alguns meses depois, um plano econômico mais encorpado e saudável levasse o país ao crescimento. No Plano Bresser, voltou-se ao congelamento. Contudo, dessa vez, por 90 dias apenas. Também foi criada a Unidade de Referência de Preços (URP) como referência monetária de preços e salários. Mais do que isso, os tributos foram aumentados, alguns subsídios, retirados e grandes obras, suspensas. Bresser-Pereira ainda desativou o gatilho salarial e voltou a negociar com o FMI, pagando parte dos empréstimos.

Os empresários, ainda assustados com o congelamento do Plano Cruzado, remarcaram todos os seus preços muito acima do necessário, imaginando que ficariam um tempo sem poder remarcar. O resultado foi uma redução no poder de compra do povo, inviabilizando o segundo plano de Bresser-Pereira, que havia perdido o apoio político para tomar mais medidas impopulares. Para piorar, três meses depois do final do plano, a inflação estava em dois dígitos novamente. Em dezembro de 1987, Bresser-Pereira foi demitido.

Em janeiro de 1988, o Brasil contava com o ministro Maílson da Nóbrega e o fenômeno da **estagflação**, ou seja, inflação com estagnação. Nesse momento, o país parou por conta do problema inflacionário. Psicológica e politicamente, acreditava-se que o povo brasileiro não suportaria mais um choque heterodoxo na economia. Nóbrega criou um plano "feijão com arroz", sem planos emergenciais e apenas seguindo os preceitos do FMI para manter o país economicamente saudável. Novamente não deu certo, o Brasil parou, a inflação cresceu ainda mais. Havia necessidade de outro plano para conter a sangria econômica nacional (Leitão, 2011).

Nesse contexto, surgiu o **Plano Verão**, em 15 de janeiro de 1989, com um novo congelamento de preços, tarifas públicas e serviços. A ideia era promover um descongelamento gradual em 90 dias, uma desvalorização e um congelamento do câmbio em 16,4%, a criação de uma caderneta de poupança reajustada, a suspensão dos empréstimos internacionais por um ano, tudo para tentar diminuir a dívida externa, além da criação de uma nova moeda, o cruzado novo (NCz$). O cruzado novo foi pareado com o dólar, assim, US$ 1,00 era igual a NCz$ 1,00. Além disso, foram cortados três zeros na moeda novamente, ou seja, Cz$ 1.000,00 valeriam NCz$ 1,00 (Moran; Witte, 1993).

Não adiantou nada. Em março, a inflação já estava em 6%. Em maio, atingia dois dígitos e, no final do ano, a economia brasileira simplesmente se descontrolou. A inflação chegava a 50% ao mês, ou seja, a cada dois meses, o preço de um produto dobrava. Se, em agosto, uma penca de bananas custava NCz$ 2,00, em outubro custava NCz$ 4,00 e, em dezembro, NCz$ 8,00. A hiperinflação, como na Alemanha do entre-guerras, estava presente em solo brasileiro. Como os preços estavam subindo literalmente todos os dias, a pior coisa que uma pessoa podia fazer era ficar com o dinheiro em casa. Era razoável gastar ou aplicar, mas não ficar com o dinheiro em mãos.

Naquela época, quem tinha conta em banco podia aplicar em uma operação chamada *Overnight*, que, em seu melhor momento, rendia 80% ao mês. Logo, se uma pessoa aplicasse NCz$ 1.000,00 em junho, teria NCz$ 1.800,00 em julho, NCz$ 3.310,00 em agosto, NCz$ 5.960,00 em setembro e NCz$ 10.726,00 em outubro. O mesmo acontecia com parcelas de produtos. Era inviável comprar qualquer coisa em mais de duas prestações.

Nos últimos dois meses de 1989, o preço dos alimentos subiu 218%. Para piorar, os trabalhadores tinham seus salários reajustados de acordo com a inflação do mês anterior, ou seja, estavam sempre perdendo dinheiro. Em dezembro, por exemplo, receberam 37% de aumento, mas os preços aumentaram, em média, 55%, e os dos alimentos, como dissemos, dispararam. O ano de 1989 terminou com a inflação espantosa de 1.782%. Dessa forma lamentável, José Sarney deixou a presidência da república, passando a faixa ao candidato do novato Partido da Reconstrução

Nacional (PRN), Fernando Collor de Mello, que havia derrotado nas urnas o candidato do Partido dos Trabalhadores (PT), Luiz Inácio Lula da Silva.

— 3.4 —
Governo Fernando Collor de Mello

O novo presidente da república, o primeiro eleito por voto popular desde 1960, tomou posse em 15 de março de 1990. Sua missão era controlar o inimigo público número um, a inflação. Naquele momento, os números estavam simplesmente descontrolados. Ninguém sabia o que fazer ou como fazer para gerenciar contas pessoais ou empresariais. Simplesmente o Brasil estava à deriva. A inflação acumulada estava em 2.700% e, até a data da posse, 80 bilhões de cruzados novos saíram do *Overnight* e o dólar duplicou seu valor. Antevendo um novo plano heterodoxo e temendo pelo pior, a partir de 23 de fevereiro daquele ano, os bancos simplesmente se recusaram a abrir novas cadernetas de poupança. Boa parte das pessoas que tinham dinheiro no *Overnight* sabia que aquele tipo de rendimento não era sustentável e tinha medo de que o novo presidente simplesmente extinguisse essa aplicação. Em várias entrevistas, o presidente eleito havia declarado que não mexeria na poupança das pessoas. Ele estava mentindo, como veremos. Nessa época, o dólar subiu 32% em uma semana e a inflação estava prevista para 70% em fevereiro, com estimativa absurda de 44.000% ao ano (Leitão, 2011).

Poucos dias antes da posse, o Brasil paralisou-se. As indústrias interromperam sua produção, as pessoas pararam de comprar tudo o que não fosse de primeira necessidade. Em 9 de março, as companhias de aviação estrangeiras pararam de vender passagens para o Brasil. O povo brasileiro, com medo do que poderia ocorrer e desnorteado, comprava dólar, ouro ou bens de consumo duráveis, tiravam seu dinheiro do *Overnight* e colocavam na poupança. Enfim, um caos. Havia boatos de confisco de dinheiro, ou seja, de que o presidente tiraria o suado dinheiro das pessoas por meio de alguma manobra econômica. Essa possibilidade se mostrava mais possível a cada dia que passava.

Antes da posse de Fernando Collor, foi decretado feriado bancário por três dias, ou seja, os bancos não podiam funcionar. Como em 1990 não havia internet, todas as articulações bancárias eram feitas em agências. O comum da época era o uso de cheque, um papel timbrado em que o portador do dinheiro guardado no banco colocava o valor e sua assinatura. O recebedor precisava ir até uma agência bancária descontar o cheque, isto é, transformar aquele papel timbrado em papel-moeda. Esse procedimento era feito exclusivamente na agência bancária do banco emissor do cheque. Por exemplo, se um comerciante recebia um cheque de NCz$ 500,00 (suficiente para comprar um quilo de arroz à época) do Banco do Brasil, devia ir a uma agência desse banco transformar o papel em dinheiro. O mesmo acontecia com todos os bancos. Um cheque da Caixa Econômica só era validado na Caixa Econômica, um cheque do Banespa só era validado no Banespa, e assim sucessivamente. Portanto, a paralisação de três dias simplesmente travou o Brasil.

Ao final do feriado bancário, em 16 de março de 1990, foi entregue ao povo brasileiro o **Plano Collor**. Sua principal mentora era Zélia Cardoso de Mello, uma jovem economista, de apenas 36 anos, com pouca experiência no serviço público, mediana formação acadêmica e desconhecida dos altos escalões acadêmicos ou econômicos. Ela convocou uma coletiva de imprensa para explicar o plano que simplesmente confiscava, apreendia, todo o dinheiro dos brasileiros. Todas as aplicações, todas as contas-correntes e, diferentemente do que Collor havia prometido, todas as cadernetas de poupança foram tomadas pelo governo (Faro, 1990). Nesse momento, entendeu-se por que foi escolhida uma pessoa sem nenhuma reputação prévia. Qualquer economista político saberia que aquele plano não tinha como dar certo.

Na coletiva requisitada pela ministra, ela, Ibrahim Eris (presidente do Banco Central) e Antônio Kandir (secretário de política econômica) foram péssimos. A entrevista foi um desastre. Ficou visível que eles não estavam preparados para a explicação e que havia muitos problemas no plano econômico, como veremos.

De qualquer forma, na entrevista, foi explicado aos brasileiros que a moeda mudaria novamente de nome, voltando a chamar-se *cruzeiro*. Não houve alterações nos valores, então Cr$ 1,00 era a mesma coisa que NCz$ 1,00. O problema maior foi o anúncio de que cada brasileiro só poderia tirar de sua conta Cr$ 50.000,00 e de que todo o resto havia sido confiscado pelo governo e ficaria depositado no banco da pessoa na forma de cruzados novos, só podendo ser sacado depois de um ano e meio. A explicação foi tão confusa que os jornalistas pouco compreenderam e a população em geral, menos ainda. Se você quiser assistir a essa coletiva desastrosa, basta buscá-la no YouTube.

De acordo com os argumentos dos autores do plano, sem dinheiro na praça, não haveria inflação. Isso até faz algum sentido, afinal, sem dinheiro para comprar, as pessoas veem-se forçadas a economizar e a inflação diminui. O problema é que o custo político e social dessa manobra é altíssimo. Deixar as pessoas passarem fome e necessidade para conter a inflação parece ser como matar uma vaca para acabar com seus carrapatos.

Por mais que essas medidas paralisassem de fato a inflação em curto prazo, as consequências no longo prazo eram, em grande medida, imprevisíveis, mas, muito possivelmente, não seriam as melhores. Os autores do plano não pensaram nos efeitos psicológicos desse tipo de medida tão arbitrária. Se voltarmos à década de 1990, quando a principal forma de circulação do dinheiro era o papel-moeda e o cheque, um período sem internet, em que não havia digitalização de dados, podemos concluir que muitas pessoas guardavam dinheiro em casa. No entanto, mais do que manter a reserva financeira embaixo do colchão, muitas pessoas tinham dinheiro guardado para emergências. Isso é cultural do brasileiro. Imagine: o presidente simplesmente pega todo o dinheiro que você tinha guardado para fazer uma viagem, casar ou comprar um apartamento, ou confisca o dinheiro que um idoso guardou ao longo de 40 anos para complementar sua aposentadoria. Pense em todas essas pessoas, por todo o Brasil, tendo seu dinheiro tomado pelo governo.

Esse foi, de longe, o pior pesadelo da economia política brasileira. Pessoas infartaram com a notícia, outras entraram em depressão, algumas até mesmo se mataram. Não houve lar no Brasil que não se abalou pelo confisco do dinheiro. Uma grande empresa multinacional teria como pagar seus funcionários — mas apenas ela. As empresas brasileiras ficaram sem ter como honrar seus compromissos. Pense em um pequeno restaurante com, digamos, dez funcionários. Como os pagar se o dinheiro ficou preso? Todo dono de comércio sabe que deve ter um dinheiro em caixa para o capital de giro, o fôlego necessário para pagar fornecedores e empregados. Collor tirou das empresas esse capital de giro. O presidente foi diretamente responsável pela falência de um sem-número de empresas e cada uma delas arrastou consigo diversos funcionários que ficaram desempregados. Pior, de uma hora para outra, sem aviso prévio e sem chance de encontrar um novo emprego, já que estavam todos mais ou menos na mesma situação. O presidente da república jogou o país no caos (Leitão, 2011).

Houve, ainda, os casos pontuais de pessoas pegas por essa notícia no meio de um movimento financeiro. Por exemplo, alguém que vendeu sua casa em 1989 na esperança de comprar uma nova em 1990 ficou sem casa, porque o dinheiro foi confiscado. Suponha que, com muito esforço, você vendeu sua casa em fevereiro de 1990. Começou a olhar outras casas para se mudar e, em 13 de março, encontrou a casa perfeita. Você estava pronto para fechar o negócio no dia 15, porém não pôde, porque foi feriado bancário. Achou que fecharia dia 17, quando os bancos reabririam, mas, simplesmente, não pôde mais comprar sua casa, porque o governo confiscou todo seu dinheiro, todas as suas economias, sua herança. Toda a sua vida financeira ficou na mão do presidente. Desesperador, não é? Poucos ditadores teriam coragem de fazer isso com seu povo; no Brasil, isso foi feito pelo primeiro presidente eleito democraticamente em quase 30 anos.

O plano tinha uma imprevisibilidade teórica nunca vista antes. Tratava-se de uma loucura, se pensarmos em termos mais concretos e sinceros. Estava em jogo toda a sanidade econômica e mental dos brasileiros. O plano realmente zerou a inflação no primeiro mês. Todavia, a qual custo? Uma multidão de desempregados sem precedentes, uma recessão recorde e uma confusão generalizada na economia.

Do ponto de vista legal, o plano era regido por 27 medidas provisórias expedidas pelo presidente da república. A maior parte delas estava escrita ou de forma muito complexa, ou de forma simplista. No primeiro caso, as pessoas não conseguiam interpretá-las. No segundo, abria-se uma infinidade de dúvidas. A própria mudança da moeda foi pessimamente explicada por Zélia Cardoso de Mello. O confisco do dinheiro também foi detalhado de forma leviana e "escorregadia", com a ministra tentando sair pela tangente, evitando as perguntas mais diretas e comprometedoras. A fragilidade do plano era tão latente que perguntas simples não conseguiam ser respondidas, e a ministra mostrava cada vez mais que não tinha pensado em todas as possibilidades e, em última análise, tinha um plano feito às pressas (Leitão, 2011).

Para compreendermos melhor a quantidade de moeda com que pessoas e empresas poderiam contar após o confisco, vamos converter Cr$ 50.000,00 em valores atuais. Esse valor era o equivalente, à época, a US$ 1.250,00. Em 2021, esse valor equivaleria a US$ 2.580,00 (Inflação..., 2021). Isso era o máximo que uma pessoa física ou jurídica poderia ter em sua conta. Como uma empresa com dez funcionários conseguiria pagar o salário de todos com esse valor? Um dos bancos mais importantes do Brasil em 1990 era o Citibank. Antes do plano, Cz$ 50.000,00 era o valor mínimo para se abrir uma conta nele. Os jornais da época diziam que o valor tomado por Collor e Zélia equivaleria a US$ 95 bilhões na época, ou US$ 197 bilhões em 2021. Isso representava 80% de todo dinheiro que circulava no país e um pouco menos de 30% do PIB brasileiro.

Os banqueiros chegaram a pedir ao presidente mais um dia de feriado, para que pudessem entender melhor os meandros do plano e treinar melhor o pessoal que lidaria com os correntistas, que, àquele momento, estavam ensandecidos. Collor negou esse pedido sob a alegação de que abrir os bancos seria bom para provar a normalidade e a naturalidade do plano. Como parece simples, olhando mais de 30 anos depois, não deu certo.

No momento que os bancos abriram, havia filas de quilômetros de pessoas em pé, esperando explicações. Como a velocidade da informação era muito menor do que a dos dias atuais, a única maneira segura de se informar era por meio da agência bancária. Os jornais da época registraram dez milhões de pessoas em filas somente no primeiro dia. O governo apenas ficou olhando e não ajudou em nada os banqueiros ou a população. Os caixas, a linha de frente do atendimento bancário, também não estavam entendendo nada. Não sabiam quanto tinham nos cofres do banco ou na conta de cada correntista. Por todo país, registraram-se casos de pessoas que foram a um banco exigir seus Cr$ 50.000,00, sem terem uma conta bancária na instituição. Muito simplesmente pensaram que o governo estava dando esse valor para a população. O sistema bancário entrou em colapso por falta de informação e de compreensão do novo plano (Santos, 2014).

A Bolsa de Valores caiu 20,9% no primeiro dia após o plano. No dia seguinte, caiu mais 22,2%. Até o final daquele mês, a queda foi de 63,2%. As pessoas, desesperadas, vendiam suas posses para fazer dinheiro. Consumiam apenas o que era indispensável, ou seja, comida e itens de primeira necessidade, como remédios ou produtos de higiene. Sem dinheiro, a economia do Brasil encolheu de forma muito drástica e em pouquíssimo tempo.

Uma coisa precisa ser ressaltada: psicologicamente, é provável que nenhum outro estadista tivesse encontrado momento mais propício para uma tentativa tão estapafúrdia quanto essa, que claramente não daria certo. A inflação era um problema tão grave que o povo brasileiro – bem como o Congresso, que sancionou o plano – o aceitou como um remédio amargo. As pessoas preferiam sofrer com o plano do que voltar a sofrer com a hiperinflação. Além disso, havia uma enorme esperança no primeiro presidente eleito pelo voto democrático depois de tanto tempo, que dizia ser esse remédio amargo a única forma de estancar a doença que acometia o país.

Porém, passados apenas alguns meses, a inflação voltou. Em junho de 1990, estava novamente maior do que 10% ao ano. A produção industrial caiu 90% nesse período e as demissões aumentaram de forma exponencial. O Brasil encolheu, nesses poucos meses, 5% (Pilagallo, 2006). Até o final de 1990, a hiperinflação voltou, com alarmantes 1.198% ao ano. A popularidade do presidente "salvador da pátria" degradava-se dia a dia.

Em mais uma tentativa de conter o monstro da inflação, retratado em todos os jornais e revistas como um dragão feroz cuspidor de fogo, em 31 de janeiro de 1991, Collor decretou congelamento, por tempo indeterminado, tanto dos salários quanto dos preços de produtos e serviços, bem como aumentou o imposto sobre derivados de petróleo, energia elétrica e telefone. Mais uma vez, deu errado. Com esse novo plano, o desequilíbrio econômico acentuou-se e houve mais uma queda das vendas no país.

Foi mais um plano criado e executado na base do desespero, das pressões populares e das pressões das elites financeiras brasileiras e estrangeiras. Depois desse plano, o segundo desastrado, a equipe de Zélia Cardoso de Mello foi demitida. Quem assumiu o cargo foi Marcílio Marques Moreira, que, em setembro de 1991, começou a devolver, em 18 parcelas, o dinheiro para a população. Todavia, o dinheiro não valia a mesma coisa, pois, mesmo com as correções, a inflação comeu boa parte do poder de compra do cidadão.

O destino de Collor mostra como economia e política estão atreladas. O fato de o presidente exer tanto na economia, colocar as pessoas em uma depressão econômica jamais vista e ser arrogante ao extremo de voar de jatinho Falcon Mystere 900 – cujo aluguel custava US$ 300.000,00 – levou a população a se manifestar. Milhões de brasileiros descontentes, sem dinheiro e sem perspectiva de melhora, com a inflação cada vez mais alta, pintaram seus rostos de preto e foram às ruas para pedir a saída de Collor da presidência. O presidente aguentou o máximo que pôde, enfrentou o processo de *impeachment*, mas renunciou no último momento. O Senado, entretanto, não aceitou a carta de renúncia, e Collor tornou-se ex-presidente e inelegível por dez anos. Em 29 de setembro de 1992, o primeiro presidente eleito por voto popular em mais de 30 anos já não era mais o mandatário do país.

O estrago, porém, estava feito. A hiperinflação continuava existindo e a aventura que se mostrou os planos do breve governo de Collor apenas machucou mais os brasileiros, não surtindo nenhum efeito positivo na economia. Para consertar esse problema, seria necessária uma nova direção econômica, uma nova abordagem para o problema da hiperinflação, ou talvez uma retomada de um antigo projeto econômico, mas, dessa vez, feito da forma como deveria.

— 3.5 —
Governo Itamar Franco e Plano Real

Com a saída de Collor, seu vice, Itamar Franco, político que nasceu a bordo de um navio em Salvador e que pertencia ao velho PMDB, assumiu a presidência. Franco assumiu a presidência logo depois de os trâmites do *impeachment* de Collor serem concluídos, em 29 de dezembro de 1992, e saiu em 1º de janeiro de 1995, governando, de fato, por apenas dois anos, 1993 e 1994.

Depois de três outros ministros da Fazenda, foi convidado o então senador Fernando Henrique Cardoso, um sociólogo de renome e professor da Universidade de São Paulo (USP), que tinha em seu currículo, além do conhecimento teórico de professor, uma acirrada luta contra a ditadura, por quem foi exilado em 1964, e uma ampla participação no processo do movimento Diretas Já!, que clamava pelo voto popular em 1984.

Fernando Henrique Cardoso, o FHC, compreendeu o breve governo de Itamar Franco – naquela época não existia reeleição, então Itamar Franco não poderia concorrer à presidência na próxima disputa eleitoral – como uma oportunidade de colocar o país nos eixos, visto que praticamente não havia oposição. O Brasil estava tão machucado com a inflação que o plano proposto por ele acabaria sendo aceito, desde que não fosse tão desastroso quanto o proposto pelo então deposto ex-presidente. Além disso, o ministro falou às rádios e à televisão que não acabaria com a inflação com um tiro, mas com trabalho e que não haveria nenhum plano milagroso, mas muito estudo. A inflação, segundo ele, não acabaria com pacotes econômicos ou arbitrariedades.

Fernando Henrique Cardoso foi empossado dia 19 de maio de 1993. No final daquele mês, chamou para uma conversa os economistas Winston Fritsch, Gustavo Franco e Edmar Bacha. Este último era um veterano e trabalhou no Plano Cruzado. Com tal experiência, ele afirmou que só participaria da equipe se pudesse ter controle dos rumos do plano e que não admitiria interferências políticas na parte técnica.

O primeiro passo, então, foi ajustar os gastos do orçamento governamental, propondo uma série de cortes e limites. Os economistas do governo entenderam que o próprio Estado era um dos maiores causadores da inflação, já que precisava produzir moeda para pagar seus rombos, como vinha fazendo desde D. João VI. Portanto, era necessário controlar os gastos com a máquina pública. Assim, em agosto de 1993, foi criada a moeda cruzeiro real (CR$), que era simplesmente o cruzeiro com três zeros a menos, foram cortados gastos públicos, foi criado um cadastro de empresas devedoras que, a partir daquele momento, não poderiam mais vender para o governo, foi elaborado um plano de privatizações e foi introduzida a Contribuição Provisória sobre Movimentação Financeira (CPMF), que, apesar do nome, era um imposto sobre movimentações financeiras — cada vez que uma pessoa assinava um cheque ou fazia qualquer movimentação financeira pagava uma taxa para o governo. O nome *contribuição* foi usado porque havia uma lei que proibia a criação de um novo imposto. No entanto, bastou trocar as palavras e o novo tributo pôde ser jogado em cima da população.

Naquele período, uma anomalia instalou-se no Brasil: o cheque pré-datado. Funcionava mais ou menos como um cartão de crédito, mas sem nenhuma cobertura. Expliquemos melhor: hoje, se você gasta R$ 1.000,00 no cartão de crédito, a operadora (Mastercard, Visa etc.) paga o comerciante e depois cobra de você. Se você não tiver dinheiro, é um problema entre você e a operadora de cartão; o comerciante já recebeu. O cheque pré-datado não tinha essa garantia de recebimento. Em 1993, a pessoa dizia que um cheque só poderia ser descontado em determinado dia. Por exemplo, você faria um cheque de CR$ 1.000,00 e diria que este só poderia ser descontado em 2 de maio. Se o comerciante fosse honesto, descontaria em 2 de maio. Se não fosse, poderia descontar em 20 de abril, tal que você estaria com problemas, pois não teria aquele dinheiro no banco e seria colocado como devedor na praça. Se você fosse desonesto, poderia simplesmente não ter o dinheiro em 2 de maio e o comerciante amargaria o prejuízo.

É difícil imaginar essa situação no século XXI, mas era a coisa mais comum do mundo no Brasil dos anos 1980 e 1990. As compras a prazo, por exemplo, eram feitas com três cheques com datas pré-fixadas. Para comprar uma geladeira, a pessoa deixava três cheques com valores diferentes (graças à inflação) e datas de cobrança distintas. Isso não era a exceção; era a regra do comércio no período. Existiam até mesmo empresas que "compravam" cheques pré-datados e, por uma porcentagem do valor do cheque, adiantavam o dinheiro para o recebedor. Quanto maior o tempo de antecipação, maiores os juros. Nesses casos, se uma empresa dessas comprasse em janeiro um cheque de CR$ 100.000,00 pré-datado para março, ela daria ao recebedor CR$ 90.000,00 e ficaria com CR$ 10.000,00 de lucro quando recebesse o valor do cheque na data acordada.

A loucura inflacionária era tão grande que o próprio presidente Itamar Franco incentivava a prática do cheque pré-datado. Segundo ele, desse modo, as pessoas saberiam o custo da parcela, o que atenuaria um pouco os efeitos da inflação. Confiar em uma anomalia para reger a parte mais importante da economia de um país (e, no final das contas, do bem-estar da população) não era uma boa ideia.

De qualquer forma, com a CPMF, uma parte pequena da população parou de usar o cheque pré-datado, mas não foi, nem de longe, o necessário. Fernando Henrique Cardoso reuniu, sob sua pasta, todos os nomes envolvidos com o Plano Cruzado, que, como dissemos, foi muito prejudicado pelo viés político de sua implementação. Dessa vez, o ministro da Fazenda garantiu que não haveria interferência política. Essa promessa era mais fácil de ser cumprida em um governo tampão, sem possibilidade de reeleição e tido como frágil pela opinião pública.

A equipe de Pérsio Arida, André Lara Resende, Edmar Bacha, Pedro Malan e outros começou a estudar como a Alemanha e outros países (República Tcheca, Hungria e Polônia) livraram-se da hiperinflação (Leitão, 2011). O principal nome nesse estudo foi Gustavo Franco, que compreendeu o conceito de moedas de emergência, utilizadas em todos os países com hiperinflação como um recurso para driblar a meteórica ascensão dos preços. Franco, por exemplo ajudou a Bolívia a sair desse problema econômico. Assim, a equipe do Plano Larida tinha reforços de peso.

Junto com Arida e Resende, Franco pensou uma moeda de transição, para ajustar a economia sem congelamentos ou surpresas infelizes como as de anos anteriores. Essa moeda não podia ser, de fato, uma moeda, pois, se fosse, seria contaminada pela inflação. Collor já havia tentado isso ao trocar cruzado por cruzeiro e não funcionou. Portanto, essa moeda precisava ser um indexador, um mediador entre a moeda inflacionada do cruzeiro e a nova moeda que seria gestada.

Esse indexador foi apresentado à sociedade brasileira em 1º de março de 1994 como Unidade Real de Valor (URV) e foi o marco inicial do Plano Real. Ele era utilizado para redigir contratos, fazer cálculos e promover crédito, mas não foi impresso. Não se tratava, portanto, de uma moeda de fato, mesmo porque a própria lei brasileira não permite o uso de duas moedas ao mesmo tempo em território nacional. No dia 1º de março de 1994, a URV valia CR$ 647,50. Todos os dias, a cotação do indexador era alterada pelo Banco Central. A inflação corroía o cruzeiro real, mas não a URV, que permanecia intacta. O processo era de difícil compreensão, porém um esforço coletivo dos meios de comunicação e a boa comunicação do ministro da fazenda ajudavam.

Na prática, funcionava assim: um litro de gasolina custava, digamos, 0,55 URV (preço real em 30 de junho de 1994). Isso equivalia a CR$ 647,50 em um dia, CR$ 835,20 um mês depois e CR$ 956,00 dois meses depois. No entanto, a URV permanecia a mesma. O litro de gasolina sempre custaria 0,55 URV. Aos poucos, os comerciantes perceberam que era mais simples não usar mais o cruzeiro real e fazer todas as transações com base nesse indexador. Muito mais fácil do que ter que calcular o litro da gasolina a cada dia. Uma das premissas para o plano funcionar, de acordo com seus idealizadores, era que as pessoas aderissem à nova moeda (nesse caso, um indexador) sem precisar forçá-las. Se as pessoas aderissem ao novo modelo de forma espontânea, seria muito mais fácil que todos aceitassem psicologicamente o fim da inflação, a qual, como dissemos, era inercial, ou seja, muito influenciada por fatores psicológicos. É sempre interessante lembrarmos que a inflação entre julho de 1993 e junho de 1994 foram estonteantes 5.000%. A URV não aumentava. O cruzeiro real pode ter aumentado, pode ter-se desvalorizado, pode ter sido comido pela inflação, mas não a URV. Assim, o preço do litro da gasolina seria sempre o mesmo, não era reajustado.

A nova moeda, que se chamaria *real* e equivaleria à URV, deveria ser apresentada ao povo brasileiro em 2 de maio de 1994, segunda-feira. Porém, no dia anterior, Ayrton Senna, maior piloto de Fórmula 1 do país e certamente um ídolo nacional, morreu tragicamente na corrida de Ímola, na Itália. Assim, o governo decidiu esperar o luto da população passar para poder anunciar a novidade (Leitão, 2011).

Com um atraso de dois meses, em 1º de julho de 1994, foi lançado o real, a nova moeda brasileira. No entanto, um mês antes, os brasileiros já sabiam o que iria acontecer. Como dissemos, fazer a operação às claras era uma premissa para que o plano desse certo. Mesmo com Fernando Henrique Cardoso tendo saído da pasta da Fazenda para se candidatar à presidência da república, o plano continuou firme e ainda recebeu uma "ajuda" dos gramados. Naquele ano, foi disputada a 15ª Copa do Mundo de Futebol. A última conquista do Brasil na competição fora em 1970, portanto, 24 anos antes. A equipe de Taffarel, Dunga, Bebeto e Romário conseguiu trazer o tetracampeonato para o país em 17 de julho. Em cada uma das partidas, os locutores narravam coisas como "a partir de 1º de julho, um real é igual a uma URV". Essas frases martelaram na cabeça das pessoas, algo fundamental para que brasileiros e brasileiras compreendessem o processo.

Para muitos analistas, o principal motivo por que o real conseguiu ser devidamente implantado está justamente na percepção dos idealistas do plano de que tudo deveria ser amplamente divulgado, de maneira simples e de fácil entendimento, para a população. Essa característica foi reforçada pela escolha de Rubens Ricupero, cuja principal função consistia em conceder entrevistas e explicar o plano e seus desdobramentos, como sucessor de Fernando Henrique Cardoso no Ministério da Fazenda. A parte técnica cabia aos economistas, com Arida, Resende e Malan à frente. Ao ministro, cabia a divulgação, tão – ou talvez mais – importante que a execução teórica do plano em si. Por mais que os economistas tivessem elaborado um plano minucioso e meticulosamente estudado, ele só funcionaria se obtivesse um enorme apoio popular (Lopez; Mota, 2008).

O real, portanto, começou a ser utilizado pela população. A taxa de conversão inicial era de CR$ 2.750,00 para cada R$ 1,00. Com alguns problemas de início, uma confusão aqui, outra acolá, o real conseguiu um apoio tão forte da população – a qual já havia apoiado Sarney e não se rebelado contra Collor quando ambos apresentaram seus planos – que Fernando Henrique Cardoso derrotou Luiz Inácio Lula da Silva nas eleições e se tornou o 34º presidente da república do Brasil, mostrando novamente a relação entre a economia e a política. A inflação estabilizada, o maior sonho dos brasileiros por, pelo menos, duas décadas, foi conquistada, e o mentor dessa vitória da sociedade brasileira foi premiado.

Vale resgatarmos algo que citamos no início deste capítulo: em julho de 1994, no momento da implantação do real, o salário-mínimo era R$ 64,79; um quilo de arroz custava R$ 0,64; o filé mignon, R$ 6,80 o quilo; o ingresso para a melhor sala de cinema, R$ 5,00; e um carro popular, R$ 7.000,00.

Outro acerto do Plano Real foi a paridade com o dólar, isto é, cada R$ 1,00 valia US$ 1,00. Isso facilitou a importação de produtos, de modo que muitas pessoas puderam ter acesso a produtos importados que, antes, graças ao câmbio instável das moedas, eram inacessíveis. Em outubro de 1994, o real chegou a valer 20% a mais que o dólar — US$ 1,00 valia R$ 0,84 (Souza, 1999). Com o tempo, esse controle foi sendo aberto, até chegar aos níveis atuais.

A paridade com o dólar pode ser muito benéfica para alguns setores da economia e muito nociva para outros. Assim, controlar o câmbio, como vimos, é um dos maiores deveres do Estado. Em um momento em que o dólar é muito barato, as pessoas compram muito, aquecendo a economia nacional, o que é muito bom. Por outro lado, exportadores sofrem para vender seus produtos, pois vendem mais por um preço menor. O oposto, ou seja, o dólar caro, é ótimo para os exportadores, pois vendem por um preço maior, porém é péssimo para os consumidores nacionais, que ficam impossibilitados de comprar produtos importados. Além disso, a questão do câmbio também afeta a inflação, pois compras e vendas estão envolvidas nas relações comerciais de qualquer país.

Com a estabilização da economia, outro fenômeno aconteceu: a concessão de crédito. Se, antes, as pessoas não podiam comprar a prazo porque não havia meios para calcular a inflação, com o real, as empresas conseguiam vender seus produtos em 3, 12 ou 24 prestações, porque a inflação, se não era nula, pelo menos estava controlada. Além disso, uma pessoa podia poupar o ano inteiro sabendo que, em dezembro, compraria uma bicicleta, um *videogame* ou um carro. Aos poucos a população começou a se acostumar com produtos que não mudavam de preço. Um carro, item caríssimo em nossa economia, tinha pouco reajuste em um ou dois anos, e mesmo esse reajuste era fácil de se calcular. Se, atualmente, podemos parcelar um carro em 60 vezes, é porque o Plano Real nos deu essa possibilidade. Na década de 1980, 60 meses (5 anos) era praticamente uma eternidade, porque ninguém no Brasil conseguia saber quanto de dinheiro seria necessário ao final desse pagamento. Mais do que isso, antes do Plano Real, as pessoas sequer sabiam qual seria a moeda em cinco anos, tantas foram as vezes que cortaram zeros e renomearam o papel-moeda nacional.

Pensemos, agora, nas pessoas que ganhavam um salário-mínimo. Com a inflação sob controle, até mesmo elas podiam comprar bens de consumo, porque conseguiam parcelar em diversas vezes ou, até mesmo, economizar um pouco a cada mês para comprar algo de seu interesse.

Com a economia estabilizada, mais empresas se instalaram no Brasil, que se consolidou como uma das maiores economias do mundo. Sem inflação, houve crescimento estável na maior parte do sistema produtivo e uma melhor distribuição de renda, principalmente durante os dois governos de Luiz Inácio Lula da Silva, no início do século XXI, quando o real estava definitivamente consolidado.

Depois de estabilizado o plano, a inflação incorporou-se ao dia a dia do brasileiro, mas de uma forma muito mais comedida do que anteriormente. Não podemos negar que produtos e serviços aumentaram bastante. Entretanto, aparentemente, trata-se de um "animal feroz" sob controle. Queremos acreditar que essa "fera" nunca mais se descontrolará da forma como fez nas últimas décadas do século XX no Brasil. Para isso, é necessário um controle preciso das ferramentas que geram as possiblidades inflacionárias, bem como uma população que compreenda minimamente como funcionam esses mecanismos, de modo a não sofrer novamente. O brasileiro que viveu os anos 1980 e 1990 conheceu o impacto da inflação fora de controle sobre seu bolso e seu cotidiano, convivendo com a incerteza, a tensão e as mais desagradáveis surpresas.

Capítulo 4

*Economia e política
no século XXI*

Depois de viajarmos pela história do Brasil, neste último capítulo, conheceremos as mais recentes teorias econômicas, a fim de promovermos o contato com o que está acontecendo na atualidade em economia política. E, mais do que isso, para que nos preparemos para os anos que virão.

Por isso, discorreremos um pouco sobre a economia gratuita, na qual uma empresa dá um serviço ao consumidor em troca de outra forma de ganhar dinheiro. Em seguida, abordaremos a cauda longa da economia movida pela internet, em que o nicho tem força equivalente ao *hit* e as pessoas podem consumir praticamente qualquer coisa.

Hoje, utilizamos o dinheiro digital para consumir e, talvez, usemos criptomoedas a partir de algum momento em nossa vida futura. O que já estamos presenciando, porém, é o capitalismo de vigilância, no qual empresas capturam nossos dados e os empregam para vender mais produtos e informações. Essas discussões são essenciais na contemporaneidade e, portanto, serão analisadas neste capítulo.

Por último, mas não menos importante, discutiremos o futuro do trabalho, com a crise da precarização e a crise das instituições políticas com a concentração de renda absurda que observamos no mundo, além de suas consequências para a sociedade.

— 4.1 —
Economia do grátis

O mundo grátis não é exatamente uma coisa nova para os seres humanos. Nas relações de troca e comércio, sempre existiram produtos ou serviços doados a outras pessoas, com perspectivas das mais diversas. Podemos começar falando da gelatina, que, quando surgiu nos Estados Unidos, no final do século XIX, não era muito aceita pelas donas de casa. Afinal, gelatina nada mais é do que o colágeno extraído do osso de gado. Não se tratava exatamente uma coisa muito fácil de se vender.

Os comerciantes do produto, então, descobriram uma forma de fazer com que ela fosse consumida (e vendida): dando livros de receitas. Ora, era um alimento um tanto extravagante para a época, as pessoas não sabiam o que fazer com ela. Com esses livros em mãos, era muito mais fácil convencer as pessoas de que aquilo poderia ser gostoso. Além disso, um livro de receitas feito de papel custava menos do que dar amostras do produto e também durava mais. Uma amostra de gelatina renderia um prato de doce e poucos poderiam experimentá-la, enquanto um livro podia ser trocado, anotado e copiado por inúmeras pessoas, divulgando ainda mais o produto.

Mais tarde, nos últimos anos do século XX, uma banda paraense muito conhecida utilizou uma estratégia semelhante. Em vez de vender seus CDs – a mídia consumida em 1999 – deixou que fossem copiados, pirateados, de modo que eram vendidos a preços irrisórios em camelôs ou, até mesmo, distribuídos de graça. A banda não ganhou dinheiro com CDs, mas fez sucesso no Brasil inteiro, vendendo milhões de *shows* e chegando a ser conhecida internacionalmente (Anderson, 2015b).

Contudo, o grátis do século XXI é diferente do grátis do século XX. A maior parte dos negócios que envolvia a gratuidade era apenas um desconto, como as promoções "compre dois e pague um", que correspondem a um desconto de 50% disfarçado de doação. Tratava-se de estratégias de *marketing* e, se alguém se dispusesse a pensar um pouquinho, saberia qual era o embuste comercial. No século XXI, as coisas não são tão simples. Como o Facebook ganha dinheiro? Ou o Google? Ou o Twitter?

Essas empresas, e mais uma série de fenômenos, fizeram com que a geração que nasceu pós-internet acreditasse que tudo o que está na rede é de graça (Twenge; Campbell, 2009). A própria noção econômica modifica-se quando a maior parte da população decide que pagar pelas coisas não é interessante. Vale destacarmos que o século XXI se baseia na reprodutibilidade técnica (Benjamin, 1985) em níveis gigantescos. Isso funciona mais ou mesmo assim: uma pintura é algo difícil de fazer e único. Só há uma *Monalisa*, não existe outra. No entanto, cada pessoa que vai ao Louvre pode tirar sua foto da pintura, então, mesmo quem nunca colocou os pés no famoso museu francês sabe como é o quadro pintado por Leonardo da Vinci, graças à reprodução técnica. Por causa da reprodutibilidade de imagens da Monalisa, ela tornou-se famosa, já que poucas pessoas podem ir ao Louvre.

No século XXI, a reprodutibilidade é completa. Uma foto no Instagram pode ser copiada milhares, talvez milhões, de vezes em cada um dos *smartphones* em que foi aberta. Uma fotografia pode até ser dispendiosa, afinal, uma boa foto precisa de uma boa câmera (ou um bom *smartphone*), alguns cursos de fotografia, locação etc. Nada disso é barato. Porém, qualquer pessoa pode apreciá-la de graça, no Instagram. Na contemporaneidade, o grátis está, pois, muito presente.

Pensemos, agora, no Linux, um sistema operacional concorrente do Windows. É possível que você nunca tenha usado um Linux pessoalmente, mas 95% dos servidores que rodam suas aplicações favoritas (Facebook, Instagram, Twitter etc.) rodam nesse sistema. Todos os supercomputadores do mundo usam esse sistema operacional, que é gratuito. Qualquer pessoa pode entrar agora no *website* do projeto, fazer o *download*, instalar em sua máquina e começar a mexer[1].

Mais do que os computadores, os *smartphones* que rodam o sistema operacional Android são baseados em Linux. Por isso, cada marca de celular tem a sua "cara": o sistema é aberto e todos podem usar e modificar. Como o Android é baseado em Linux, ele também é livre.

Voltando ao século XX, sabemos que diversas vezes recebemos produtos ou serviços de graça para gastar em outra coisa. Por exemplo, nunca pagamos para calibrar os pneus de nossos

---

1 O Linux não é fácil, nem recomendado para pessoas que não trabalham diretamente com informática. Ainda assim, se você tiver um computador velho e quiser brincar um pouco, o endereço do projeto é este: <https://www.linuxfoundation.org/>.

carros, contudo fazemos isso antes ou depois de gastar um bom dinheiro na bomba de combustível do posto. A transferência do custo de um produto para outro é denominada *subsídio cruzado*, ou seja, um produto paga pelo outro. O compressor de ar instalado no posto é subsidiado pela gasolina. Se um posto não tem calibrador de pneus, as pessoas simplesmente optam pelo concorrente.

Muitas vezes, um produto é barato ou gratuito para atrair consumidores. As maiores empresas de *fast-food* costumam dar brindes para as crianças a fim de que elas comam seus sanduíches. Logo, o brinquedo "de graça" é pago pelo sanduíche, que, sem ele, talvez não fosse vendido.

Em muitos casos, a própria noção do que é grátis se altera: a mãe pensa que está dando um chocolate que vem com um brinquedo grátis; a criança, que sua mãe comprou um brinquedo que vem com um chocolate grátis.

Basicamente, como dizem os estadunidenses, "não existe almoço grátis", isto é, alguém sempre paga a conta. A própria história da frase é interessante, pois, no século XIX, várias tabernas dos Estados Unidos ofereciam almoço grátis para as pessoas, desde que consumissem bebidas alcóolicas, ou seja, não existia mesmo almoço grátis (Anderson, 2015b).

Poderíamos, agora, levantar a questão da televisão aberta. Afinal, basta ligá-la e já se pode assistir a um programa. De fato, ela é grátis para o telespectador, mas não para os anunciantes. Para assistir a uma novela, a um programa humorístico, a um *reality show* de culinária ou a um filme, as pessoas sujeitam-se a assistirem a propagandas comerciais, ora explícitas (quando o filme para e exibe-se o comercial da venda de um carro, por exemplo), ora implícitas (quando os participantes de um *reality show* utilizam equipamentos de determinada marca, por exemplo) (Chomsky, 2013).

O mesmo acontece com Google, YouTube ou Facebook. O sistema de gratuidade dessas empresas está ancorado na venda de publicidade para anunciantes. A diferença entre elas e a televisão aberta é o fato de utilizarem algoritmos, ou seja, estruturas matemáticas extremamente complexas, para que os anúncios sejam direcionados. Se você entra em uma página sobre discos de *rock*, o algoritmo entende que você gosta desse estilo musical e, com base nisso, mostrará anúncios de discos para comprar, músicas para ouvir e camisetas para vestir. Faça um teste: procure, durante uma hora, por alguma coisa que você jamais procuraria em sites de busca, mídias sociais e plataformas de vídeo. Depois de um ou dois dias, essa coisa começa a aparecer em sua *timeline* e na parte de anúncios dessas ferramentas. Para que isso aconteça, há um terceiro que paga para que você use o serviço de graça: o anunciante.

Em relação à TV, uma nova força surgiu nos últimos anos: os serviços de *streaming*, como Netflix, Amazon Prime ou Disney+. Essas empresas estão causando um grande impacto nas televisões abertas, que, agora, têm concorrentes baratos e de alta capacidade de atração. Nos *streamings*, as pessoas podem escolher o que assistir, quando quiserem, não dependendo de um programador que decide o horário de cada atração.

O que os *streamings* não têm é a capacidade de transmissão de eventos esportivos ao vivo, como jogos de futebol, corridas automobilísticas ou lutas. Entretanto, os grandes clubes de futebol, no Brasil, já têm canais próprios de *streaming* ao vivo desafiando a exclusividade dos canais abertos. Por exemplo, para um torcedor do Corinthians, há a CorinthiansTV para assistir aos jogos; para um torcedor do Flamengo, há a FlaTV. Os pequenos clubes, por terem torcidas menores, não sao interessantes para as televisões abertas, restando para estas as grandes competições, como Fórmula 1, Jogos Olímpicos e Copa do Mundo de Futebol. Todavia, apenas esses eventos não serão suficientes para manter as televisões abertas funcionando de forma atrativa ao longo de um ano.

No caso do YouTube, de propriedade do Google, assim como é de graça para quem assiste, é de graça para quem produz os conteúdos, que, em geral, recebe muito pouco ou quase nada por seu trabalho. Sim, existem casos específicos de produtores de conteúdo que faturam alto com o YouTube, mas eles não chegam a 1% do número de pessoas que produzem vídeos para a plataforma todos os dias. Aproximadamente 99% das pessoas não ganham nada com isso ou, pelo menos, não ganham nada do YouTube. Pensemos, a título de ilustração, em um palestrante: ele não ganha no YouTube, mas sua exposição pode garantir-lhe várias palestras por mês. Podemos dizer o mesmo de um comediante que não ganha dinheiro disponibilizando suas piadas na plataforma, porém garante *shows* lotados pelo Brasil graças à exposição que obteve. Uma editora de livros de literatura pode ter um canal no YouTube para divulgar e vender mais livros. Nessas situações, trabalha-se de graça visando lucros em outra área.

Podemos fazer o mesmo cálculo para a música no século XXI. Desde a invenção do aplicativo Napster, em 1999, que possibilitava o *download* de canções, as pessoas começaram a considerar que a música em seus computadores é simplesmente gratuita. Com o surgimento do iPod, produto da Apple, que permitia carregar milhares de faixas em um aparelho muito pequeno, a música tornou-se virtualmente gratuita (Zuboff, 2019). Atualmente, as pessoas utilizam serviços de *streaming* de música, que podem ser tanto gratuitos – com a adição de propagandas a cada três ou quatro canções – quanto pagos – com pagamentos mensais para eliminar as propagandas e ter outros benefícios. Esses são os chamados *produtos "freemium"*, ou seja, são grátis (*free*), mas, se o consumidor quiser algo mais, pode optar pelo diferenciado (*premium*). Inúmeras empresas e serviços adotam esse tipo de abordagem.

Do ponto de vista do artista, porém, se o serviço for gratuito ou pago, pouco importa, já que o valor recebido é sempre o mesmo, e é sempre muito baixo. O cálculo de pagamento do maior serviço de *streaming* de música é feito de forma proporcional ao número de vezes que certa faixa foi executada em determinado local do mundo e ao período de tempo de execução no modo pago. As canções escutadas gratuitamente não entram na contabilidade do artista. Assim, os artistas que têm mais acessos são beneficiados com a maior parte da distribuição dos lucros. Em uma estimativa simplista, um artista ganha, em média, US$ 0,006 cada vez que uma de suas músicas é executada (Taran, 2015). Portanto, é necessário que 1.000 pessoas escutem sua canção para que ganhe US$ 6,00. Isso pode não ser um problema para músicos gigantescos, como Metallica, Paul McCartney ou Caetano Veloso, mas praticamente inviabiliza as carreiras de artistas menores.

Portanto, os músicos precisaram reinventar-se para manterem suas carreiras. Uma saída é a realização de *shows* ao vivo. Nesse caso, as referências geográficas tanto dos *downloads* ilegais quanto das plataformas de *streaming* são essenciais para que o artista – que já deu sua música gratuitamente – saiba onde está seu público. A banda inglesa de *heavy metal* Iron Maiden, desde o início dos anos 2000, planeja suas turnês com base nos números de *downloads* ilegais. Assim, ela sabe como fazer com que o grátis se torne lucrativo.

Outros serviços "*freemium*" são oferecidos por empresas gigantescas, como Google ou Microsoft. Por exemplo, o *e-mail* do Google, que, no início, era praticamente infinito, atualmente, cobra uma tarifa de quem ultrapassa 15 Gb de armazenamento. A Microsoft fez o mesmo com seu serviço de nuvem OneDrive e sua suíte de aplicativos Office.

A Microsoft foi uma empresa que sofreu bastante com a pirataria, que nada mais é do que uma forma – ilegal – de obtenção de algum produto gratuitamente. A empresa e seu fundador, Bill Gates, tentaram em vão combater essa prática no tempo em que seu sistema operacional MS-DOS era copiado em disquetes por todo planeta. O mesmo processo ocorreu com a maior parte das versões do sistema operacional sucessor, o Windows. Não contente, a maior suíte de aplicativos de escritório, o Office, também era pirateada quase como se não houvesse nenhuma cobrança (Gates, 2015). No entanto, a pirataria foi decisiva para que Gates e sua empresa se tornassem hegemônicos no mundo da informática, porque possibilitou que a Microsoft conquistasse os usuários e, de alguma maneira, tornou-os dependentes. Além disso, por mais que as pessoas tivessem versões piratas desses *softwares*, as empresas precisavam comprá-los, sob risco de pesadíssimas multas. Assim, a Microsoft fidelizou as pessoas em suas casas para que, nas empresas, elas não quisessem usar outros aplicativos.

Mais do que isso, a Microsoft utilizou a estratégia da gratuidade para quebrar vários de seus concorrentes. O caso mais emblemático foi a chamada *guerra dos browsers*. No início da internet, por volta de 1993, Marc Andreessen, um estudante e futuro cientista da computação estadunidense, criou o primeiro navegador (*browser*) de internet, o Mosaic. Em 1994, uma empresa chamada *Netscape* criou o primeiro navegador comercial para a internet, o Netscape Navigator, que era vendido por

US$ 49,00. Seu sucesso foi estrondoso e não havia concorrentes, até que, um ano depois, em 1995, a Microsoft lançou o Internet Explorer. O *browser* da empresa de Gates era tecnicamente inferior ao de Andreessen, além de ser mais lento para carregar e, até mesmo, não conseguir exibir determinadas páginas.

Entretanto, o Windows era o sistema operacional mais utilizado pelas pessoas. Entre 1995 e 1998, o Internet Explorer não conseguia ganhar de seu concorrente, mas, em 1998, a equipe de Gates decidiu não apenas dar o *software* de graça para as pessoas como também o disponibilizar como um dos programas pré-instalados em seu novo sistema operacional, o Windows 98. As pessoas sabiam que o Internet Explorer era pior do que o Netscape Navigator, mas era difícil convencê-las a gastarem quando algo semelhante era oferecido gratuitamente. A Netscape, obviamente, faliu.

A Microsoft usou todo seu poderio de empresa gigantesca para esmagar uma pequena concorrente que tinha apenas um produto. Diante disso, verificamos que a estratégia do grátis também pode ser muito insidiosa. Uma empresa com poder econômico suficiente para oferecer um produto gratuitamente é capaz de tirar as demais do mercado e, depois, começar a cobrar pelo serviço. Trata-se do problema do monopólio, que discutimos anteriormente.

Hoje, as maiores empresas não vendem mais produtos físicos e palpáveis. Em vez disso, vendem ideias, *bits* e *bytes* que só existem nas telas de computadores e *smartphones*. Microsoft,

Google, Facebook são algumas das maiores empresas do mundo e não vendem praticamente nada físico. Juntamente com a Apple, que vende aparelhos e ideias, e os bancos, que vendem números, são as companhias que mais faturam anualmente há algum tempo. Das 15 maiores empresas do planeta, as únicas que vendem algo palpável são as companhias de petróleo.

No caso das empresas de tecnologia digital, é interessante destacar o fenômeno chamado *winner takes it all* ou, em português, *o vencedor leva tudo*. Não há espaço para um segundo lugar, pois as pessoas não se interessam pelas outras empresas. Vamos lá, tente puxar pela memória qual foi a última vez que você realizou uma busca na internet e não usou o Google. Difícil, não é? O Google é o vencedor que levou tudo. É possível dizer o mesmo do Instagram em relação às redes sociais de fotografia.

Do ponto de vista da economia, percebemos que, em mercados de produtos tecnológicos, a inovação e as mudanças tecnológicas rápidas promovem uma corrida pelo consumidor/produto. A empresa que consegue alcançar primeiro a satisfação do público acaba ficando com todos os consumidores. No início dessa corrida, diversas entidades concorrentes investem para criar produtos que desenvolvam novas categorias de serviço, a fim de liderarem justamente essas mesmas categorias.

Pela volatilidade e pela rapidez do mercado, as empresas que chegam em primeiro lugar são recompensadas com lucros elevados e inúmeros investidores. Pelo menos até um novo produto surgir. Pense em uma rede social como o Facebook — por que você iria entrar em outra rede social se todos seus amigos estão nela? De que adianta uma rede social sem sociabilidade? Então, quase naturalmente a sociedade escolhe uma rede para se filiar e, quando todos estão lá, o vencedor levou tudo.

Um processo semelhante ocorreu com os jornais. Poucos sobreviveram à internet. Isso porque as pessoas começaram a perceber a notícia como algo gratuito, esquecendo-se (convenientemente ou não) que jornalistas são profissionais e precisam ser pagos, que gerenciar um jornal também deve ser atividade remunerada, que os computadores exigem energia elétrica, que alguém precisa fazer a limpeza das salas etc. Nesse contexto as vendas dos jornais caíram. Se, antes, em uma capital, havia quatro ou cinco jornais diários, agora, quando muito, há um. No Brasil atual, é difícil lembrar de dez periódicos, mesmo se tratando de um país continental.

Claro, esse processo não envolve apenas os jornais em si, mas toda cadeia de insumos e serviços que os cercam, da empresa que fornecia tinta para as rotativas que imprimiam os jornais até as bancas em que eram vendidos. Na segunda década do século XXI, a menos que você esteja em uma capital, dificilmente verá mais do que uma dezena de bancas de jornal, quando, antes, havia centenas.

Poderíamos pensar que a notícia meramente migrou do impresso para o digital, porque é mais prático ler na tela do celular do que em uma folha de papel desconfortável, principalmente se a pessoa estiver em um ônibus ou esperando uma consulta no dentista. No entanto, se esse fosse o processo, as pessoas pagariam pelas edições ou pela assinatura de seus jornais preferidos. Não foi o que aconteceu. Os indivíduos, como dissemos, acreditam que as informações são gratuitas, distribuídas pelo Facebook ou pelo WhatsApp e que ninguém deveria pagar por isso.

Esse fenômeno é tão danoso para a imprensa que o governo australiano simplesmente exigiu que o Facebook pagasse aos jornais pelas notícias que divulga. A empresa estadunidense recusou-se, e esse embate, aparentemente, não se encerrará tão cedo nos tribunais. A questão, porém, é que o Facebook e as demais redes sociais digitais se valem das notícias de veículos de imprensa, mas eximem-se da responsabilidade alegando que não devem pagar por elas, visto que são seus usuários que divulgam os conteúdos (Facebook..., 2021).

Essa discussão se baseia, no fim, na percepção do que é ou não grátis. Ainda que aplicativos de *streaming* como Netflix, Globoplay ou Disney+ ajudem a conscientizar as pessoas da necessidade de pagar pelas produções de conteúdo, isso parece estar restrito a esse modelo de negócios. Outros, como as notícias, as artes gráficas ou os *softwares* de computador, continuam lutando para que a sociedade perceba que não são produzidos gratuitamente.

Outro setor muito afetado pela gratuidade foi a indústria dos jogos digitais, embora dê sinais de ter-se adaptado melhor ao novo contexto. Existem milhões de jogos digitais gratuitos, principalmente para *smartphones*, que cobram por itens incidentais, como pacotes de acessórios para personagens, vidas ou melhorias na jogabilidade. Em alguns casos, faturam com propagandas, por exemplo, o jogador, para avançar a uma nova fase do jogo, precisa assistir a um comercial de um minuto. Em outros casos, para ganhar alguma recompensa, precisa assistir às propagandas. Também existem jogos que trabalham com assinaturas, ou seja, paga-se uma mensalidade relativamente baixa para poder jogar.

O grátis é muito interessante, quando as pessoas ganham dinheiro de forma incidental, como pontuamos nos exemplos de palestrantes que usam o YouTube ou músicos que acompanham os dados georreferenciais das plataformas de *streaming* para decidir onde fazer suas turnês. Entretanto, um dos problemas da gratuidade é a displicência. Psicologicamente, os seres humanos não dão valor àquilo que vem facilmente. Um pouco de esforço, ou uma troca simbólica por dinheiro, é desejável para que a pessoa dê valor (Martin, 1997).

— 4.2 —
Cauda longa

Além do grátis, outra particularidade da economia do século XXI e do mundo digital é aquilo que foi denominado *cauda longa*. Para compreendermos esse conceito, é importante reconhecermos que o mundo sempre viveu uma cultura de *hits*, em que apenas os maiores vendedores se destacavam, uma cultura de poucos grandes astros. Isso é mais facilmente explicável quando olhamos para o a indústria cultural, como a música, o cinema e a televisão. Até o século XX, as pessoas ouviam mais ou menos as mesmas músicas e assistiam mais ou menos aos mesmos filmes e programas na televisão. No Brasil, nos últimos dias de 1988 e no início de 1989, as pessoas só se perguntavam quem havia matado Odete Roitman, a vilã da novela *Vale tudo* da Rede Globo. Estima-se que quase todos os televisores ligados em 6 de janeiro de 1989 estavam sintonizados na Rede Globo para assistir ao desfecho da trama (Kogut, 2017). A morte de Odete Roitman é um exemplo claro da cultura de *hit*, com muitas pessoas consumindo o mesmo produto.

Com a internet, essa situação se modificou, e muito. Ainda existem *hits*, afinal todos sabem quem é Anitta, Whindersson Nunes ou *Os Vingadores*, mas também existe espaço para o nicho, para aquilo que poucas pessoas consomem. A cauda longa é exatamente isso, o prolongamento quase infinito do mercado de nicho, com seus subnichos e "subsubnichos".

Usaremos a música como exemplo. Temos o nicho do *blues*, no qual, há o *blues* estilo Mississipi; neste, temos os artistas do continente africano; dentro desse grupo, existe o "subsubsubnicho" dos músicos de *blues* estilo Mississipi da África Subsaariana. Não está acreditando que isso exista? Então, procure no Google pelas bandas Tinariwen, Etran Finatawa e Tamikrest.

Este é o poder do mercado de nicho: criar possibilidades quase infinitas de produtos, serviços ou culturas. Chamou-se esse fenômeno de *cauda longa* porque o gráfico derivado de sua observação tem uma cabeça alta (os *hits*), o corpo representando artistas ou produtos que vendem medianamente e uma cauda bem longa, com todos os produtos ou artistas pouco vendidos ou consumidos, mas que, conjuntamente, dão ótimos resultados (Anderson, 2015a).

Um artista de nicho vende pouco individualmente, mas, quando colocamos todos os artistas de nicho como apenas um artigo, seu resultado consegue ser maior do que o resultado de um artista de *hit*. Desse modo, juntando todos os pequenos músicos do mundo, teremos a vendagem de um Michael Jackson, por exemplo.

Nos antigos livros de *marketing* e vendas, dizia-se que havia uma regra de 80/20, derivada das ideias do sociólogo e economista italiano Vilfredo Pareto e organizada por Joseph Moses Juran. De acordo com essa perspectiva, 20% dos produtos em uma loja correspondiam por 80% das vendas. Assim, o mundo trabalhava para os *hits*. Isso faz muito sentido em um ambiente físico, como uma livraria em um *shopping*, com espaço para, por exemplo, 1.000 livros. Com apenas 1.000 espaços em exposição, o dono da loja infelizmente não pode colocar à venda o livro de estreia de um escritor independente, porque essa obra provavelmente demorará para ser vendida. Em vez disso, opta por um antigo livro de Paulo Coelho, pois sabe que esse autor vende muito. Cada centímetro quadrado em uma loja física tem seu custo e, portanto, precisa obter determinado lucro. O dono do estabelecimento pode até testar um ou outro novo autor, pois isso é importante para a loja, mas, com certeza, não dispõe de um espaço muito grande para apostas.

Na internet, o custo do espaço não existe. Não há preço para o centímetro quadrado da tela do computador. No mundo digital, a exposição é feita diferentemente. Ainda que as lojas *on-line* precisem de estocagem e logística como uma loja física, não precisam da exposição, que é feita (e paga) pelo possível comprador em sua casa. Pense bem, quando você entra em um *site* para comprar uma calça, os custos da energia elétrica, da internet, do computador ou *smartphone* são seus. Figurativamente, o custo do funcionário que o guia ao provador ou oferece os preços das opções de calça é seu. Toda a operação envolvida na compra de sua nova roupa é de sua responsabilidade e de seu custo. Além disso, a exposição é infinita. Como dissemos, se uma loja física tem 1.000 tipos de calças, precisa escolher quais modelos vão para a vitrine. Na loja virtual, podem existir 10.000 ou 100.000 à venda. Não é preciso escolher o que mostrar. Isso também é responsabilidade do comprador, de modo que a variedade de produtos pode ser imensa. Pense em quantas vezes você já saiu de casa para comprar um produto e ouviu "está em falta" do vendedor. Você queria a calça na cor azul-escuro, mas só tinha azul-claro. Isso provavelmente não vai acontecer *on-line*, pois todo o estoque está disponível e é muito maior do que o de uma loja física.

Pensemos no mundo do século XX. Naquele distante período, uma grande loja de roupas precisaria de filiais espalhadas por uma cidade. Se pensarmos em São Paulo, onde as pessoas passam duas ou três horas no trânsito, com certeza pouquíssimas estariam dispostas a atravessar a cidade para comprar uma calça. Por isso, era importante para as empresas estarem em diversos pontos comerciais. Podemos pensar, também, nas antigas videolocadoras; existia pelo menos uma em cada bairro, isso quando não havia três ou dez em um mesmo bairro, uma vez que sua função era atender a localidade a seu entorno. No auge das videolocadoras, no início dos anos 1990, pessoas chegavam a abri-las dentro de condomínios, para atender apenas as pessoas daquele edifício (CineMagia..., 2017).

Isso não existe mais. Não é necessário haver mais do que uma loja *on-line* no país inteiro. Pensemos na Netflix ou na Amazon. Não precisamos de uma Netflix em cada bairro, pois apenas uma dá conta do Brasil inteiro. Podemos dizer o mesmo da Amazon, basta uma loja para todo o país. Nesses casos, o deslocamento das pessoas é sempre o mesmo: para a frente do computador ou apenas deslizando os dedos pelo *smartphone*. Ninguém pega um carro e atravessa a cidade para comprar uma calça na Amazon ou alugar um filme na Netflix. Totalmente virtuais, ambas estão o tempo todo conosco e abertas 24 horas por dia, 7 dias por semana. Existe, inclusive, um movimento em direção ao fechamento de muitos dos estabelecimentos de rua ou de *shopping centers*, pois a disputa com a internet parece inglória. Porém, as lojas físicas têm um atrativo fundamental: a compra imediata, ou seja, a pessoa vai à loja, paga pela calça e já pode usar, ou entra na livraria, folheia o livro desejado, paga e já sai lendo. O principal motivo pelo qual essas lojas ainda resistem em um mundo cada vez mais conectado é, justamente, este: a urgência.

O mercado digital caracteriza-se pela abundância. Antes, o mundo estava calcado na escassez, conforme comentamos. Havia um número limitado de livros possíveis de serem comprados em determinada livraria. Com o digital, existe uma abundância de conteúdo, basta observarmos a quantidade de artistas de *rock* nos anos 1970 – que foi sua maior explosão – e atualmente. Mesmo o *rock* não sendo o ritmo mais popular, hoje, existem muito mais artistas do que há 50 anos. Essa ideia pode ser aplicada para os mais diversos produtos e serviços, de cervejas artesanais a livros, de móveis de escritório a tipos de papel. Nos dias atuais, tudo é mais amplo e abundante, porque a indústria se adaptou aos nichos. Como o armazenamento é normalmente centralizado, as empresas fazem cada vez mais produtos para atingir pessoas com interesses singulares, e todas essas singularidades oferecem um bom volume de dinheiro ao final do mês. Quando falamos de produtos da indústria cultural, isso fica ainda mais claro. Um DVD, por exemplo, é composto por uma mídia gravada, uma caixinha de acondicionamento e uma capa impressa. Digitalmente, ocupa apenas alguns *megabytes* em um servidor, logo, seu custo é baixíssimo, quase irrisório — e mais igualitário.

No mundo impresso, quanto maior a tiragem, menor o custo unitário. Portanto, imprimir 100 mil cópias do DVD de *Jurassic Park* é mais barato do que imprimir apenas mil de um filme independente. Logo, o custo deste último é muito maior para o consumidor final. No mundo digital, no entanto, ambos têm o mesmo custo, pois se resumem a arquivos com alguns megabytes no servidor da empresa. Agora, pensemos em um país continental como o Brasil. Fazer um filme ir de São Paulo até uma videolocadora no interior do Amapá era uma grande jornada. O mesmo não ocorre com uma locadora de *streaming*, como Prime Vídeo, Globoplay, Disney+ ou Netflix. Pessoas no Amapá, no Rio Grande do Sul ou em Brasília têm acesso aos mesmos filmes.

O que faz a diferença, nesse cenário, portanto, são os filtros ou, melhor, a possibilidade de filtragem. Quanto mais filtros forem possíveis, maiores são as chances de aumentar a cauda. Ao procurar um filme para assistir com seu cônjuge no sábado à noite, uma pessoa pode simplesmente aceitar as recomendações do serviço de *streaming*, clicando no primeiro filme que aparece na tela, ou buscar com sua intuição. Normalmente, o que alguém faz, nesse tipo de situação, é usar filtros para encontrar algo mais interessante. Ainda que haja um direcionamento para que as pessoas assistam ao mesmo que as demais, por meio dos filtros, um usuário pode deparar-se com produções interessantíssimas e desconhecidas do grande público, uma vez que estas ocupam virtualmente pouquíssimo espaço e sua permanência é importante para engordar o catálogo do serviço.

Para exemplificar, digamos que você assistiu ao clássico *Casablanca* e amou o filme. Voltou à locadora e tentou achar outro título com o mesmo ator, Humphrey Bogart. Encontrou *O falcão maltês*. Novamente, você adorou o filme e foi buscar um terceiro com o ator. Descobriu que não existia mais nenhum. Por se tratar de filmes antigos (*Casablanca* é de 1942 e *O falcão maltês*, de 1941), não há mais interesse das pessoas nos outros trabalhos de Bogart. Então, em 1990, você simplesmente não poderia ver mais nenhum filme com esse artista. Em 2021, porém, com os *streamings*, basta procurar para encontrar outras produções, como *O querido das mulheres*, de 1930, e *O temerário*, de 1931. Você só consegue fazer isso com o uso de filtros, buscando o que lhe interessa, nesse caso, o nome do ator.

Na cauda longa, um produto da indústria cultural nunca mais sai da prateleira. Lá estão todos os álbuns, todos os filmes, todos os documentários, basta saber procurar. As ferramentas de pesquisa da internet não têm paralelo no mundo real. Até pode existir um supervendedor que explique todas as coisas que você precisa saber, mas nem de longe ele consegue saber tudo da mesma forma que um computador, tampouco fazer a mesma quantidade de relações que um filtro digital consegue.

Outro fator importante na cauda longa são as recomendações. Psicologicamente, as pessoas gostam de indicações de amigos e, comercialmente, a melhor propaganda sempre foi o boca a boca, mas isso é inviável no mundo *on-line*. Desse modo, as grandes empresas desenvolveram um paliativo que se tornou muito efetivo, as indicações. Se acessarmos, hoje, o site de qualquer grande empresa do varejo, veremos notas (normalmente em formas de estrelas) e depoimentos de outros compradores sobre os produtos. Tendemos a acreditar muito mais em outros consumidores, ainda que desconhecidos, do que em vendedores. Com produtos cada vez mais voltados para os diferentes nichos existentes, o papel dos indicadores e influenciadores é fundamental.

As plataformas de redes sociais digitais são as principais divulgadoras dos produtos de nicho. Basta entrar em um grupo ou uma comunidade com algum foco específico que os algoritmos identificam quais assuntos direcionar. Atualmente, no YouTube, no Facebook, no Instagram ou em blogues, existem comentadores, debatedores e apreciadores que ajudam a fomentar culturas de nicho. Se entrarmos agora em qualquer uma dessas redes, poderemos ter contato com nichos tão diversos quanto histórias em quadrinhos europeias, *heavy metal* extremo ou poesia concretista. Além disso, a internet móvel ajuda demais na formação de mercados de nicho, pois, até mesmo na fila do ônibus, as pessoas podem interessar-se por alguma coisa, pesquisar e comprar. Hoje, praticamente tudo pode ser comprado *on-line*, independentemente de onde estivermos.

Atualmente, existem milhões de produtores de conteúdo focados em produtos de nicho e, ao fim e ao cabo, também são eles próprios uma parte desses nichos, que, apesar de pequenos, são suficientes. Digamos que um canal do YouTube fature

R$ 5.000,00 por mês. É pouco, muito pouco, para uma empresa, mas é um salário digno para uma pessoa que pode fazer sozinha todo o trabalho de divulgador de produtos de nicho.

As maiores empresas do mundo perceberam a força desses mercados. A publicidade do Google e do Facebook, por exemplo, mira nos pequenos anunciantes, pessoas que pagam poucos reais para veicular seus anúncios de acordo com algumas palavras-chave escolhidas. A Rede Globo, maior empresa de televisão do país, tem uma estratégia oposta, mirando apenas nos grandes anunciantes, que podem pagar a fortuna exigida para cada segundo de veiculação em sua programação.

Podemos dizer o mesmo dos anunciantes de *websites* de venda de produtos de pessoas físicas ou pequenas empresas. Antes, no mercado impresso, a pessoa precisaria anunciar seu produto nos classificados de um jornal e pagar diariamente para ter esse anúncio veiculado. No Mercado Livre, na OLX ou no eBay, a pessoa simplesmente disponibiliza seu anúncio até que a transação se realize e, aí sim, a empresa mediadora recebe uma porcentagem da venda. O anúncio, portanto, é gratuito e o pagamento pelo serviço é cobrado na forma dessa tarifa sobre a transação. Com isso, os anunciantes de nicho vislumbram nessas plataformas uma oportunidade de vender seus produtos, já que, ainda que leve muito tempo para concretizar a venda, não perdem nada.

Como fenômeno, a internet possibilitou que a cauda longa se alongasse ainda mais. Sempre houve um mercado de vendas de produtos de nicho, mas nunca de forma tão global. Por exemplo, camisetas de time de futebol da Terceira Divisão do Campeonato Brasileiro são vendidas para colecionadores árabes ou canadenses e histórias em quadrinhos com temática de terror são produzidas em Curitiba e vendidas para Estados Unidos, Espanha, França e Itália, mais do que para o próprio Brasil (Vitral, 2019).

Em qualquer mercado, existem mais nichos do que *hits*. Para cada Stephen King, há 500 outros escritores de terror. Para cada Iron Maiden, há 5.000 bandas inglesas de *heavy metal*. Como mencionamos, a encontrabilidade aumenta drasticamente com a utilização de ferramentas de busca, redes sociais e pessoas dedicadas a resenharem e a comentarem os produtos. Existem álbuns musicais, que décadas atrás, foram lançados em tiragens de 1.000 ou 2.000 cópias, como *Paêbirú*, de Zé Ramalho e Lula Côrtes, lançado em 1975 com tiragem de apenas 1.300 cópias, das quais, 1.000 perderam-se em uma enchente. Hoje, esse álbum de mais de 45 anos e com apenas 300 cópias disponíveis pode ser ouvido por qualquer pessoa nos *streamings* de música, como Deezer, Spotify ou Amazon Music.

É interessante destacar que 98% das músicas *on-line* são ouvidas por alguma pessoa em algum momento. Na época do CD ou do vinil, elas jamais teriam essa porcentagem de vendas, visto que até mesmo encontrar os álbuns seria uma tarefa complexa.

Com o tempo, a demanda pelo nicho aumenta, a curva da cauda longa tende a se horizontalizar e o mercado global do nicho vai, aos poucos, rivalizando com o mercado global dos *hits*.

Você já percebeu que não existem mais superbandas que lotam estádios? Quem faz isso são os antigos, como Rolling Stones ou U2, que têm mais de 40 anos de estrada. A cada dia, surgem mais bandas, com mais músicas de qualidade, o que faz com que o público se divida, tal qual a curva da cauda longa. As próprias produtoras apoiam mais e mais projetos independentes que custam e arrecadam menos, mas que, em conjunto, são mais lucrativos. Um projeto em que se investe pouco pode dar mais lucro do que um em que se investe mais. Basta analisarmos o caso de um filme independente como *Fragmentado*, que custou US$ 9 milhões e arrecadou US$ 275 milhões.

Netflix, Amazon, Globoplay etc. investem cada vez mais em produções nichadas, como aquelas para amantes de terror ou de comédia, mas não só. Existem produções específicas para os apreciadores de comédia do tipo *stand-up* e aquelas produzidas no Brasil, além das que abordam especificamente vida dos comediantes.

Esse evento pode ser considerado um fenômeno mercadológico, e a própria democratização das forças de produção acaba ajudando a prosperar o nicho em detrimento do *hit*. Na década de 1970, para gravar uma música era necessário um estúdio, que custava caríssimo. Atualmente, pode-se gravar um disco em sua casa, com um *home studio* portátil que funciona em qualquer computador não muito potente. Basta plugar os instrumentos no computador ou, nem isso, apenas emulá-los em programas computacionais. Se, antes, para editar um filme, era necessária uma mesa de corte muitíssimo cara, hoje, crianças fazem isso em seus *smartphones* na hora do recreio. Se, antes, para publicar um livro, era necessário o contrato com uma editora, atualmente o escritor pode escrever em forma de blogue, usar a autoedição de livrarias como a Amazon ou aproveitar um aplicativo como o Wattpad, que permite escrever, editar e distribuir o livro (Coelho; Costa; Santos, 2019).

Com as possibilidades abertas pelos nichos, a economia modificou-se de forma contundente, da mesma forma que a política. Você já percebeu que os movimentos minoritários da sociedade estão cada vez mais atuantes? Isso se dá por causa da possibilidade que a internet fornece de encontrar pessoas iguais ou com os mesmos interesses. Com a invenção da internet e o fenômeno resultante da cauda longa, as relações comerciais e humanas se modificaram. Em alguns casos, de forma radical.

Na contramão desse movimento, o *home-office*, que ficou muito comum com a pandemia da covid-19, veio para ficar porque as empresas economizam. A internet, a energia elétrica, a limpeza do escritório estão, agora, por conta do trabalhador e, se o computador pifar, a manutenção também é sua responsabilidade. Abordaremos essa questão com mais detalhe quando discutirmos a precarização dos empregos no mundo; neste momento, pretendemos, apenas, evidenciar a relação entre esses movimentos.

Atualmente, as possibilidades de expressão por meio da cultura de nicho são tão grandes que as pessoas definem suas vidas não mais pelo que são, mas pelo que consomem (Bauman, 2008).

Se, no início do século XX, um carro podia "ser de qualquer cor desde que fosse preto", como disse Henry Ford (2021), cem anos depois podem ser pintados da cor que o dono desejar, bem como envelopados, modificados ou alterados. As possibilidades da cultura de nicho parecem não ter fronteiras nem limites.

— 4.3 —
Dinheiro digital e criptomoedas

Há muito tempo o dinheiro não é mais físico. Antes, como dissemos, as pessoas depositavam um valor em ouro no banco para poderem utilizar um papel que o representasse; atualmente nem o papel existe. Nos anos 1980, no dia de pagamento das empresas, as pessoas faziam fila para pegar um envelope com várias notas de dinheiro, que era o salário do mês. Aos poucos, com a informatização dos bancos e, principalmente, com a agilidade das transações bancárias pós-advento da internet, menos e menos utilizamos dinheiro.

A maior parte das pessoas tem, em sua mão, um pedaço de plástico variável. Pensemos um pouco: se você tiver uma nota de R$ 100,00 e seu amigo também, ambos terão o mesmo valor em mãos para gastar em uma loja de doces. Contudo, se você tiver um cartão de débito na sua mão e seu colega também, cada um de pode ter uma quantia diferente para gastar na mesma loja. Se a nota de R$ 100,00 é um valor simbólico que pode ter diferentes destinos (você pode comprar R$ 50,00 em chocolates e R$ 50,00 em refrigerantes, ou R$ 20,00 em confeitos de chocolate, R$ 30,00 em refrigerantes, R$ 10,00 em chocolates e R$ 40,00 em bolo), o cartão de débito é ainda mais simbólico, por conta da completa abstração de seu valor. Nesse pedaço de plástico cabe de poucos centavos a R$ 1.000.000,00. O cartão, em si, não informa nada até que seu saldo seja verificado com o banco por meio de uma máquina.

O dinheiro no século XXI, portanto, é basicamente virtual (Harari, 2015). Ele não existe de verdade. Trata-se, apenas, de zeros e uns em máquinas de processamento muito poderosas que estão dentro dos bancos. Faça uma reflexão: Quanto de seu salário você utiliza em espécie? Quanto você tira do banco para pagar as contas em dinheiro vivo? Provavelmente, muito pouco.

Atualmente, até mesmo para comprar uma garrafa de água de R$ 1,00 em uma banquinha de revistas, podemos usar cartões de débito e crédito. A transação é toda eletrônica e a parte palpável do dinheiro desaparece.

É sempre bom lembrar que o dinheiro, como indicamos, é uma representação, ou seja, seu valor não está no pedaço de papel, mas em sua significação. Uma moeda de R$ 1,00 compra uma garrada de água em Mossoró, porém é provável não compre uma garrada de água igual na Avenida Paulista, em São Paulo. O dinheiro, mesmo o papel-moeda, sempre atuou como mediador, como representação. No entanto, o dinheiro virtual faz isso de forma exponencial. Um cartão de débito é mero instrumento entre o comerciante, o consumidor e o banco, sem que nenhum desses agentes pegue efetivamente uma nota em mãos para realizar a transação. Na compra da água em Mossoró, feita pelo cartão de débito, virtualmente o consumidor foi ao banco, retirou uma moeda de R$ 1,00 e entregou ao comerciante, que a recebeu em seu bolso. Todavia, ninguém viu essa moeda, nem o consumidor, nem o banco, nem o comerciante. Tudo isso foi realizado de forma digital, automática e virtual. A moeda, aquele objeto redondo de metal, não entrou, em nenhum momento, na negociação.

Perceba que essa negociação foi virtual. O mundo hoje trabalha com dinheiro que não existe fisicamente. Por conta disso, algumas distorções podem ocorrer. Vejamos um exemplo corriqueiro: um indivíduo não sabe quanto tem em sua conta e, portanto, gasta mais do que esperava. Suponhamos que essa pessoa vá a uma feira, com uma carteira cheia de notas, e veja as notas pouco a pouco acabarem. Isso lhe dá um alerta físico de que está ficando sem dinheiro. Com o cartão de débito, é possível consultar o saldo, mas ele é mais abstrato e, quando percebe, a pessoa gastou muito mais dinheiro do que gastaria se pegasse nota após nota para fazer as transações. Verificamos um comportamento psicológico muito interessante quando comparamos nossas reações em compras com dinheiro físico e com dinheiro virtual, a ponto de pessoas ficarem com receio desse novo tipo de transação quando foi apresentado de forma mais contundente, no final da década de 1990 (Weatherford, 1999).

A coisa piora bastante com a modalidade de cartão de crédito. Anteriormente, explicamos como funciona um cartão de crédito, com o qual a pessoa paga suas compras posteriormente. Porém, o importante é que, psicologicamente, o indivíduo mais desavisado em relação às finanças acaba tendo uma percepção de que tem todo o dinheiro do mundo à disposição. Apesar de as operadoras de crédito estipularem um limite para os gastos com o cartão, este normalmente é superior à possibilidade de pagamento do indivíduo. Assim, se o banco, por meio de seus algoritmos, calcula que a pessoa pode pagar uma conta de R$ 5.000,00 por mês, fornece um crédito de R$ 25.000,00, ou seja, cinco vezes mais.

Esse limite pode ser muito importante para uma emergência. Se imaginarmos que uma pessoa de nossa família sofreu um acidente e precisa de internação hospitalar urgente, gastamos esse dinheiro e ele é bem-vindo. Depois, descobrimos como pagar.

No entanto, o cotidiano é (felizmente) menos feito de acidentes e mais de displicências. Portanto, em um mês, o indivíduo com capacidade de pagar R$ 5.000,00 mensais gasta R$5.500,00 e fica devendo apenas R$ 500,00. No mês seguinte, gasta R$ 7.000,00, somando R$ 2.000,00 aos R$ 500,00 – que já não são mais R$ 500,00, mas R$ 600,00 devido aos juros. Quando a pessoa se dá conta, está afundada em uma dívida impagável.

As operadoras de cartão de crédito valem-se dessas dívidas impagáveis, afinal, sua principal fonte de renda são os juros, que só podem ser aplicados quando o correntista deixa de saldar sua dívida mensal. Além disso, ganham uma porcentagem de cada venda do comerciante. No Brasil, cerca de 3% do valor da transação vai parar nas mãos das operadoras de crédito (Damasceno, 2021). Portanto, as instituições financeiras ganham de todos os lados, seja do lado do comprador, seja do lado do vendedor.

O ser humano, então, pode dizer que adaptou o conceito abstrato do dinheiro como mediador ao conceito abstrato de carteira virtual. O que é um cartão de débito senão uma carteira virtual? Nos anos 1980, era necessário carregar uma carteira com várias notas de papel-moeda ou um talão de cheques; a partir dos anos 2000, apenas um pedaço de plástico retangular cumpre essa função.

Nos anos 2020, talvez nem mesmo esse pedaço de plástico seja necessário. O mundo acostumou-se com a utilização do telefone celular, o *smartphone*, para tudo. As pessoas não podem mais sair de casa sem seus companheiros digitais. Mais do que isso, uma pessoa de classe média, participante do mercado de trabalho, simplesmente não se pode dar ao luxo de não ter um *smartphone*. Talvez uma pessoa muito rica que tenha diversos assistentes possa ter esse privilégio de não ser interrompida a cada instante pelo aparelho em suas mãos, mas a maior parte dos indivíduos precisa dele.

Naturalmente, as operadoras financeiras perceberam esse movimento e agilizaram-se para usar o *smartphone* como mais uma forma de estimularem os gastos das pessoas. Afinal, você pode até deixar seu cartão de crédito em casa para não gastar, mas como vai deixar o celular? Boa parte dos telefones celulares, hoje, conta com a tecnologia Near Field Communication (NFC), que realiza trocas de informações sem fio e de forma segura entre dispositivos próximos. Assim, as máquinas de cobrança também foram adaptadas a esse sistema, possibilitando a conexão entre elas e os *smartphones*.

Além disso, na segunda metade dos anos 2010 floresceram as moedas virtuais, também chamadas *criptomoedas*, baseadas na ideia de não serem chefiadas ou gerenciadas por nenhum governo específico. Conforme assinalamos anteriormente, atualmente, o monopólio de cunhagem de moedas de um país pertence a seu governo. Então, como pode existir um tipo de moeda que não pertence a nenhum país específico, com uma taxa de câmbio flutuante?

Embora tenham existido outras tentativas, a primeira criptomoeda que realmente funcionou foi a *bitcoin*, criada em 2008 por Satoshi Nakamoto. Diferentemente das outras moedas, que tiveram sua origem em algo palpável, a *bitcoin* nasceu digital. Em sua gênese, havia um conjunto enorme de zeros e uns armazenados em arquivos de computador. Nakamoto escreveu o código da moeda e colocou em um fórum aberto para que as pessoas utilizassem se quisessem (Ulrich, 2014), ou seja, a moeda nasceu com seu código aberto e independente de um comando central, como uma casa da moeda ou algo semelhante. Ao contrário, a *bitcoin* era "minerada" por pessoas comuns com a ajuda da internet, como veremos.

Lembremos que uma moeda só funciona se a sociedade entender que ela tem o valor de troca, portanto, se apenas duas ou três pessoas acreditam que aquilo é uma moeda, só vai funcionar para elas. Vários aspectos da moeda nova eram agradáveis. O primeiro era a não necessidade de um intermediário de confiança. Depois que as pessoas pararam de utilizar ouro para usar o papel-moeda, sempre foi necessário um validador para a moeda, um banco. Nas transações *on-line*, é preciso um intermediário para garantir que o dinheiro que Josefa transfere para Marcos é verdadeiro. Por exemplo, suponhamos que Josefa tem R$ 1.000,00 em sua conta e deseja enviar esse valor a Marcos. Se não houvesse um verificador confiável, que retire esse dinheiro de Josefa para enviar a Marcos, ela poderia enviar os mesmos R$ 1.000,00 para João e, depois, para Alberto.

Com a *bitcoin*, essa questão foi resolvida por meio de um registro em uma espécie de livro público e distribuído, chamado *blockchain*, que é o conjunto dos dados públicos com o histórico de todas as transações realizadas. Cada nova transação é comparada com esse registro, para que não haja duplicidade em pagamentos. Além disso, essa solução adota criptografia, um mecanismo em que cada indivíduo tem duas chaves digitais. Uma delas é privada, sendo mantida em segredo pelo dono das *bitcoins*, como uma senha de banco; a outra senha refere-se à carteira, que pode ser compartilhada com as outras pessoas.

Nesse sentido, quando alguém envia dinheiro para outra pessoa, informa sua chave privada para liberar o dinheiro e a chave pública da quem o receberá, para que as moedas saibam qual é seu destino. No exemplo anterior, Josefa usaria sua chave privada para liberar o equivalente a R$ 1.000,00 em *bitcoins* e direcionar à chave pública de Marcos. Qualquer pessoa pode ter acesso à chave pública da Josefa e saber que o dinheiro saiu dali e foi para Marcos. Essa transação é anotada digitalmente no *blockchain*, e a criptografia garante que todos os computadores (mas não os humanos) tenham o registro constantemente atualizado (Ulrich, 2014).

Uma característica importante dessa moeda é que ela precisa ser minerada. Apesar do termo remeter às operações de homens e mulheres no garimpo procurando ouro, a mineração, nesse caso, diz respeito a máquinas executando algoritmos extremamente complexos que conseguem produzir frações da moeda como uma espécie de recompensa por manter a *blockchain* funcionando. É importante destacar que tais algoritmos são tão complexos ao ponto de não poderem ser resolvidos por uma máquina caseira. São necessárias diversas máquinas rodando em paralelo ou, então, um supercomputador.

Outra forma de obter *bitcoins* é por meio de casas de câmbio. Da mesma forma que vamos a uma casa de câmbio trocar reais por dólares, por exemplo, podemos trocar reais por *bitcoins* ou outras criptomoedas. Como veremos adiante, diversos governos já admitem a entrada das criptomoedas nos países, portanto, esse tipo de operação é totalmente legalizado, ainda que, do ponto de vista do investimento, um tanto arriscado.

É interessante destacar que, no início de suas operações, a *bitcoin* foi utilizada basicamente para atividades escusas, mesmo porque, como não era aceita no mercado tradicional, quem se interessava por ela fazia transações com pessoas que também a utilizavam no submundo da internet. Por isso, a princípio, poucas pessoas sérias se mostraram interessadas nesse mercado.

No entanto, isso está mudando e a ideia de uma moeda descentralizada e independente de governo vem tornando-se mais bem aceita, tanto que a *bitcoin* não é mais a única criptomoeda. Estima-se que, no mundo, existem milhares delas atualmente. Cada uma obedece a um câmbio e a uma paridade com o dólar, portanto o investimento nelas pode ser extremamente arriscado. Uma *bitcoin* hoje pode valer US$ 50.000,00; amanhã, US$ 200.000,00; no final da semana, apenas US$ 10.000,00. Lembramos que transações e minerações são feitas com frações da moeda, por isso esse valor tão alto para uma *bitcoin* integral.

Quem, no início dos anos 2020, se arriscou em criptomoedas foram investidores muito arrojados, esperando que o mercado suba exponencialmente e que, ao final de determinado tempo, haja significativa valorização da moeda digital. Também é um desejo de seus utilizadores que moedas desse tipo sejam aceitas como a moeda tradicional do país, permitindo, por exemplo, a compra de um cachorro-quente em reais ou em *bitcoins*. Isso acontecer de forma ilegal já é possível, mas, de forma legal, é mais complicado. No Brasil, podemos comprar dólares, pesos, libras ou qualquer outra moeda, porém não podemos usá-las para pagar nossa conta no mercado. O mesmo ocorre na maioria dos outros países, ainda que haja exceções.

Por serem descentralizadas e seguirem uma lógica interna diferente do conhecido, essas moedas estão intimamente vinculadas à política mundial. Portanto, para que diversos países a aceitem como válida, serão necessárias muitas e muitas discussões, regulamentações e prestações de conta, o que, aparentemente, os mineradores originais não estão dispostos a fazer. Além disso, a descentralização leva à desconfiança, principalmente no tocante à falsificação. Se uma moeda física, cheia de elementos para evitar a falsificação já é imitada de forma fraudulenta, como uma pessoa comum pode ter certeza de que aquela criptomoeda é verdadeira? Além disso, o anonimato, que é visto como algo essencial para alguns usuários, pode ser um problema para usuários mais desconfiados.

Em um mundo cada vez mais digital e manipulado por algoritmos, com operações matemáticas complexas simplesmente dominando nosso cotidiano, ter um dinheiro criado e manipulado por algoritmos é interessante e assustador ao mesmo tempo.

— 4.4 —
Capitalismo de vigilância

A expressão *capitalismo de vigilância* ficou muito evidente após o relevante livro The Age of Surveillance Capitalism: the Fight *for a Human Future at the New Frontier of Power*, de Shoshana Zuboff (2019). De acordo com essa acadêmica estadunidense, o capitalismo passou para uma nova etapa, embora concomitante com outras, em que nossos dados pessoais são ativos de empresas multibilionárias (Zuboff, 2019). Para a autora, a experiência humana sobre a Terra acaba virando material gratuito para extração, predição e vendas.

Para sermos mais explícitos, no capitalismo de vigilância, nós simplesmente damos nossos dados para plataformas de redes sociais digitais, empresas bilionárias, venderem para outras empresas, que lucram com seus desejos. Entramos no Facebook e informamos nossa cidades, nossa idades, nossos gostos pessoais, postamos várias fotos, conectamo-nos com vários amigos. Isso é apenas a ponta do *iceberg*. O Facebook consegue rastrear tudo o que fazemos na plataforma. Isso, obviamente, não acontece apenas no Facebook; Instagram e WhatsApp, que pertencem à empresa de Mark Zuckerberg, também fazem isso, além do Twitter e do YouTube, juntamente com a maioria das demais plataformas de redes sociais.

Então, se você conversa com uma amiga no WhatsApp sobre um disco novo que os Rolling Stones lançarão, não tenha dúvida de que esse dado é armazenado para que, quando a banda de Mick Jagger e Keith Richards lançar o álbum, ondas de propagandas invadam seu Facebook e seu Instagram. Ou, se você comenta no Facebook sobre a lasanha que sua avó fez no final de semana, o algoritmo da plataforma colhe aquele dado e, em pouco tempo, você recebe ofertas de nhoque, vinho, queijo, restaurantes italianos ou qualquer outra coisa relacionada. Se você posta, entusiasmado, a foto de um jogador de seu time fazendo um gol no Instagram, quase que imediatamente aparecem lojas vendendo camisetas desse time. Note que o algoritmo é tão preciso que sabe qual é seu time; ele não vai oferecer uma camiseta do Palmeiras se você é corintiano, da mesma forma que não vai oferecer *sushi* para quem gosta de lasanha (Santos, 2021).

Não adianta tomar a decisão de não entrar mais nas redes sociais. Ainda que isso lhe faça bem (Lanier, 2018), não adianta, pois o Google é um dos maiores coletores de dados da internet. Ele não apenas oferece os melhores resultados em um tempo realmente rápido, mas também armazena todas as suas buscas e, claro, vende esses dados para as empresas parceiras. É bom explicar que essa venda não é feita de forma individualizada. O Google vende dados de forma anônima, dizendo que existem, por exemplo, duzentas mil pessoas interessadas em massa para lasanha. O produtor de massas de lasanha paga à empresa para que seus anúncios sejam veiculados especialmente para esses usuários. A empresa não sabe para quem o anúncio foi disparado, mas o Google sabe.

Isso não ocorre apenas por meio da ferramenta de buscas. Se a pessoa utiliza o navegador Chrome, de propriedade do Google, também tem seus passos digitais rastreados, como quais *sites* visitou, quanto tempo permaneceu, quais outras abas estavam abertas. Nesse cruzamento de dados, a empresa sabe muito sobre seus utilizadores.

Suponhamos que você abriu uma aba do Chrome e visitou um *site* de receitas, especificamente de lasanhas, no qual acessou várias receitas — de molho branco, de molho de tomate, à bolonhesa. Mesmo que não tenha utilizado o buscador do Google para procurar essas receitas, invariavelmente você recebe ofertas de itens relacionados ao preparo do prato, porque utilizou o navegador da empresa e seus dados foram rastreados da mesma forma (Zuboff, 2019).

Digamos, porém, que você não utilize nem a ferramenta de busca do Google nem o Chrome. Ainda assim, o Google está rastreando tudo o que você faz em seu celular Android, pois também é proprietária desse sistema operacional. Nesse caso, o mesmo fenômeno ocorre: se você está pesquisando receitas de lasanha, invariavelmente recebe ofertas relacionas à culinária italiana.

Nesse contexto, argumenta-se que o indivíduo simplesmente não consegue mais se livrar do capitalismo de vigilância (Bartlett, 2018). Cada vez que usamos uma rede social, um navegador, uma ferramenta de busca ou, até mesmo, o telefone celular, somos vigiados. Cada vez que pegamos um aplicativo de mobilidade urbana, escutamos uma canção, assistimos a um filme ou desejamos feliz aniversário para um colega, somos auscultados. Tudo é rastreado, equacionado e manipulado por algoritmos de altíssima complexidade — e sigilosos. Apenas as empresas donas sabem como eles funcionam e, mais ainda, somente alguns funcionários da empresa os compreendem. Imagine, agora, o poder que essas pessoas têm em suas mãos.

Portanto, o capitalismo de vigilância promove uma nova ordem mundial, em que a experiência humana é material gratuito para práticas escusas de extração, predição e vendas. Nesse sentido, as vidas dos indivíduos são utilizadas de forma inescrupulosa apenas para vender mais produtos. Primeiro, extraem o máximo que podem de nossas preferências. Depois, predizem o que gostaríamos de comprar ou nos poderia interessar. Por último, vendem essas informações a quem pagar mais.

Há um problema ético evidente nesse cenário, que fica ainda mais nebuloso quando os poderosíssimos algoritmos começam a nos compreender melhor do que nós mesmos. Como isso é possível? Bem, os algoritmos entendem-nos em uma miríade de dimensões (emprego, relacionamentos, desejos etc.) que nossa percepção não capta. Um algoritmo pode ser tão eficaz na sua predição que consegue "adivinhar" o que queremos. Você já deve ter-se deparado com a sensação de que seu *smartphone* estava o escutando, pois não havia escrito nada no Google e, mesmo assim, ele lhe indicou algo para comprar, não é? Na verdade, seu aparelho não o escutou — e nem precisaria, porque recebe, diariamente, tantas informações que os algoritmos conseguem facilmente prever, antes de você mesmo perceber, o que deseja consumir (Sumpter, 2019).

Se os algoritmos conseguem prever o que queremos, como resistir? Como uma pessoa comum, despreparada, pode resistir a esses impulsos? Pior do que isso, os algoritmos podem fornecer impulsos irresistíveis. Se sabem do que você gosta e do que não gosta, facilmente conseguem enviar mensagens que o forcem a aceitar determinada coisa ou a odiar outras. Os algoritmos podem ser instrumentos de mudança de comportamento (Zuboff, 2019). Isso aconteceu, em 2016, na eleição presidencial estadunidense que elegeu Donald Trump, quando as pessoas recebiam mensagens personalizadas de acordo com suas opiniões políticas e foram induzidas, por meio de notícias falsas, a votar no candidato republicano (Risso, 2018). O capitalismo de vigilância foi tão ativo e tão assertivo que mudou a eleição da maior potência mundial.

A mudança de comportamento é, portanto, econômica, já que faz com que as pessoas gastem – e se endividem – mais, mas também é política, pois influencia indireta ou diretamente o resultado de eleições e as formas de governar.

Com essa mudança operada nos indivíduos, até mesmo concentração de renda modifica-se, porque os portadores desse tipo de tecnologia se descolam da população e usam essas técnicas para ficar cada vez mais ricos em detrimento dos demais, que ficam indefesos perante um ataque tão bem coordenado.

Pense no poder que alguém tem sobre você se conhece todas as suas preferências, o que você gosta, o que detesta, por onde caminha, para onde vai de carro, toda sua rotina, quantos filhos tem, qual é o nome de seu cachorrinho, todas as suas condições de saúde, quanto ganha, com o que gasta, com o que poupa, todos os seus parentes. Sim, esse alguém existe, e você trata-o como amigo e fornece-lhe todas as suas informações. Esse "amigo" é o Google, o Facebook, o Twitter, a Apple e algumas outras empresas que detêm o controle dos algoritmos nos quais, diariamente, você insere suas peculiaridades. Essas empresas têm muito poder sobre você. Isso, por fim, altera a relação capitalista e política, já que essas empresas sabem mais sobre os cidadãos de um país do que seu próprio governo.

Imaginemos um cenário em que o Google queira destituir um governo. Com algumas propagandas e algum tempo, ele conseguirá, porque sabe o que cada pessoa quer ou não ouvir sobre os atuais governantes. Para João, o Google diz que o governo deixa as pessoas muito pobres, e ele revolta-se. Para Maria, o Google diz que o governo deixa as pessoas muito ricas, e ela revolta-se. Para Marcos, o Google diz que o governo deixa as pessoas doentes, e ele revolta-se. Para a Joana, o Google diz que o governo deixa as pessoas com fome, e ela revolta-se. Tudo isso ou nada disso pode ser verdadeiro. O problema é que o próprio tecido democrático pode ruir com essa possibilidade de manipulação um a um. O cenário não é como o da década de 1930, quando o nazifascismo cresceu com a utilização do cinema e da rádio. Naquela época, todos ouviam a mesma coisa e viam a mesma coisa. Atualmente, o processo é muito mais insidioso, pois cada um pode escutar ou ver coisas diferentes, direcionadas apenas para si (Zuboff, 2019).

Não há precedentes para esse poder na história da humanidade. Nunca tanto conhecimento ficou nas mãos de tão poucas pessoas. Como sabemos desde Francis Bacon, conhecimento é poder. Não é à toa que essas empresas estão cada vez maiores, mais fortes, mais ricas e mais ameaçadoras à democracia. Uma manipulação de corações e mentes tão forte está muito longe do ideal democrático que se posicionou mundialmente desde o fim da Segunda Guerra Mundial.

Há, ainda, outra questão capitalista: a competição. As empresas do capitalismo de vigilância não têm competidores. Conforme indicamos ao tratarmos do fenômeno do *winner takes all*, não há outra ferramenta de busca ou outra rede social destinada a fotografias que consigam competir com Google e Instagram. Sem competição, essas empresas se tornam, ao mesmo tempo, monopólios e monopsônios. Nossos dados ficam concentrados em poucas empresas que podem fazer o que quiserem com eles. Assim, vendem-os a quem pagar mais. A empresa que pode pagar mais tem benefícios que as outras não têm. Desse modo, uma relação de poder estabelece-se com as companhias que utilizam os serviços dessas gigantes de coleta e manipulação de dados.

É interessante percebermos como esse tipo de artimanha tecnológica tira das pessoas o mais básico dos direitos humanos, a capacidade de decidir por si só seu próprio destino. A soberania popular fica refém do autoritarismo da utilização dos dados das pessoas por empresas enormes. Se, no século XX, a soberania popular era ameaçada por ditaduras de esquerda ou de direita, atualmente a ameaça é uma ditadura dos dados. Para piorar, estamos acostumando-nos tanto com as facilidades desse novo mundo digital que não conseguimos sequer pensar que isso pode conter malefícios. O capitalismo de vigilância unilateralmente decide que a experiência humana é material bruto para aquisição de dados comportamentais, os quais são usados para alimentar "inteligência de máquina" e fazer outros produtos que tentem adivinhar suas necessidades, melhorando o algoritmo.

O objetivo é automatizar as pessoas e modificar o comportamento humano para os fins que a empresa desejar. As pessoas deixaram de ser cidadãos ou indivíduos e tornaram-se meros consumidores (Bauman, 2008) e, mais do que isso, consumidores que têm direcionado o que devem consumir. As pessoas são como marionetes das empresas que praticam o capitalismo de vigilância e são matéria-prima para novos empreendimentos digitais. Nossos dados são a matéria-prima para que Twitter, Google ou Facebook ganhem muito dinheiro. Portanto, trabalhamos de forma voluntária para sermos, posteriormente, bombardeados com publicidade. Nós pagamos para trabalhar para essas empresas.

É importante destacarmos, no entanto, que o capitalismo de vigilância não é sobre os algoritmos, mas sobre a lógica de quem manda neles. A tecnologia não existe sem o ser humano. Ela não manda em nós nem se reproduz ou se inventa sozinha. Há uma tendência a acreditar que a tecnologia é irrefreável e que é autônoma. Nada mais longe da verdade. É necessário haver debates éticos e morais sobre a tecnologia e sobre seu uso, sob pena de criar uma sociedade ainda mais desigual (Feenberg, 2005). Do contrário, estaremos mais e mais à mercê de poucas e poderosíssimas empresas que são mais importantes e influentes que governos, políticas públicas ou sistemas sociais. Essas empresas, porém, não apresentam visivelmente seus projetos, como um governo deve fazer, tampouco concorrem em um pleito eleitoral com final determinado. Se a sociedade está descontente com um presidente, pode tirá-lo do poder em quatro ou oito anos. Todavia, não pode tirar do poder uma empresa que não mostra suas reais intenções.

— 4.5 —
O futuro do trabalho, da economia e da política

A futurologia não é exatamente uma ciência exata, tampouco suas predições podem ser muito acuradas. No entanto, é sempre bom tentarmos entender o que está acontecendo no momento para buscarmos uma compreensão do que pode nos aguardar no futuro.

Um processo em curso no mundo é a precarização do trabalho. Se, no Brasil, a partir da década de 1930, o trabalhador começou a ter determinadas garantias, como o salário-mínimo, a carteira de trabalho e a Consolidação das Leis do Trabalho (CLT), com aposentadoria, Fundo de Garantia por Tempo de

Serviço (FGTS), descanso remunerado, férias e acesso universal ao sistema de saúde, tudo isso parece estar caindo por terra.

Se você está lendo este livro e nasceu depois de 1990, terá regras de aposentadoria muito diferentes daqueles que nasceram antes de 1960. Muito provavelmente, a aposentadoria dos mais jovens sequer existirá de forma estatal. Caberá ao indivíduo contratar um serviço de aposentadoria, como uma previdência privada, ou investir em imóveis durante a vida para conseguir uma renda ao final dela, investir no mercado financeiro ou trabalhar até morrer. Como nos tempos da Idade Média, a pessoa pode ser obrigada a trabalhar até o final de sua vida para garantir condições de sobrevivência. Ainda que alguns realmente desejem trabalhar até morrer, porque são apaixonados por seus trabalhos, ser obrigado a trabalhar para sobreviver com as dores e os dissabores da velhice não parece interessante para a grande maioria das pessoas (Moura Neto; Ramos, 2017).

No entanto, a questão previdenciária não é o único problema que vislumbramos no horizonte. Se prestarmos atenção em nosso cotidiano, observaremos um exército de pessoas trabalhando para aplicativos que não lhes dão o mínimo de seguridade social. Pensemos em um aplicativo de transporte, por exemplo. Se você tem um carro, pode cadastrar-se facilmente em uma empresa gigantesca, multinacional, que vai apenas mediar seu contato com o cliente. Note que essas empresas (Uber, Cabify, InDriver, 99) são apenas agenciadoras. Todo o restante de seu capital pertence a outras pessoas, que precisam se submeter a suas regras de preço e condições de trabalho, sem receber nada além de passageiros.

Contudo, o que acontece com o motorista de aplicativo que, por exemplo, precisa trocar os pneus do carro que estão carecas? Essa manutenção é responsabilidade de quem? E se precisar trocar o óleo do carro? E se tem um problema mecânico e precisa de um breve conserto? E, no pior dos casos, se há uma colisão e o carro precisa ser consertado e ficar parado? Quem paga os dias que esse trabalhador fica sem trabalhar e o mecânico que arruma o carro? E se o trabalhador ficar doente e não puder trabalhar por 30 dias, quem o sustenta? Você já sabe essas respostas, mas levantamos essas indagações para explicar que há uma distância gigantesca entre os donos da empresa e seus trabalhadores, que, do ponto de vista legal, sequer são seus empregados. Os aplicativos eximem-se de todas as questões trabalhistas. Não precisam pagar aposentadoria, não precisam dar férias aos empregados, nem se preocupar em caso de doença do motorista (Slee, 2017).

Não é por acaso que diversos países da Europa baniram esse tipo de aplicativo, que precariza o trabalhador e, se pensarmos um pouco adiante, traz riscos imensos à sociedade. Isso porque, como esses aplicativos são utilizados por pessoas em situação de fragilidade social, como desempregados ou aquelas que desesperadamente precisam de uma renda extra, seus trabalhadores correm o risco de perder tudo, o que acarretaria problemas sociais para o Estado. Ainda que seja melhor trabalhar para esses aplicativos do que mendigar, as condições impostas ao trabalhador são crudelíssimas.

Para conseguir um salário decente para sustentar uma família, motoristas de aplicativos dizem que precisam rodar até 16 horas consecutivas durante os 7 dias da semana (André; Silva; Nascimento, 2019). Se trabalhar 16 horas já é demais simplesmente porque é desumano, há ainda o problema do tipo de trabalho. A chance de um acidente é muito maior com um motorista cansado, depois de uma jornada de 12 ou 16 horas atrás de um volante, no trânsito estressante da maior parte das cidades grandes. Caso se tratasse de uma empresa regida pela CLT, o trabalhador só poderia trabalhar 8 horas consecutivas e teria direito ao descanso semanal remunerado. Entretanto, as empresas de aplicativos de transporte tratam o motorista como "parceiro", e não como funcionário ou empregado. Essa diferença semântica implica dizer que o motorista é livre para fazer o que quiser. Principalmente se "o que quiser" significar trabalhar incessantemente ou sofrer com a falta de dinheiro.

Ao mesmo tempo que o motorista pode trabalhar quando quiser, como quiser, a empresa exime-se de todo e qualquer dever em relação ao trabalhador e ao Estado. São empresas parasitas que não pagam seguro a seus motoristas, não seguem a legislação dos países e vivem às custas dos desempregados, desesperados para conseguir algum dinheiro (Slee, 2017).

Podemos afirmar que não há muita diferença entre o capitalista dono da fábrica no final do século XIX, que Marx contempla em seus escritos, e os acionistas dessas megacorporações baseadas em aplicativos. Essas pessoas são donas dos meios de produção e aqueles que trabalham para elas são meros proletários tentando levar um suado dinheiro para casa.

As empresas de aplicativos de entrega de comida não são diferentes. Também são apenas mediadores entre clientes e estabelecimentos comerciais. Assim como as empresas de transporte, cobram cerca de 25% do faturamento de cada pedido. Então, do cachorro-quente que custa R$ 10,00, R$ 2,50 aproximadamente ficam com a empresa de aplicativos de *delivery*. Notemos que a empresa ganha um quarto do valor do pedido apenas porque une duas pontas, que são a lanchonete e o consumidor. Aos poucos, isso vai limitando demais as possibilidades do dono da empresa de cachorro-quente, pois, se ele aumentar seu preço, as pessoas optarão pelo concorrente ou simplesmente farão comida em casa.

O entregador de comidas é quem mais fica fragilizado nesse momento. Correndo de bicicleta nas grandes metrópoles para ganhar ainda menos que os motoristas de aplicativos, essas pessoas sofrem uma pressão terrível, haja vista que a comida normalmente deve ser entregue quente. Para isso, velocidade é importante. Se você pedir uma macarronada e ela chegar fria, naturalmente não vai gostar e dará uma nota baixa para o estabelecimento, que, por sua vez, não contratará mais aquele entregador. Trata-se de um modo de ganhar dinheiro baseado em *likes*, na reputação das pessoas por meio de sistemas com estrelinhas ou notas. Assim, se um motorista de aplicativo ou entregador recebe uma nota 5, ele tem o máximo de reconhecimento, mas, se recebe muitas notas 1, provavelmente não será mais chamado para trabalhar. Ainda que haja aí uma questão de meritocracia interessante, afinal ninguém deseja um serviço malfeito, também imprime uma pressão gigantesca nos trabalhadores. Vivemos em uma sociedade da aprovação, na qual as pessoas são julgadas por notas (ou estrelas) em aplicativos de *smartphone*.

Além disso, diante desse cenário, podemos constatar o aumento gradativo do fosso que separa ricos e pobres. A cada dia, o mundo concentra mais sua renda em poucas famílias. O Brasil não está fora desse circuito. Basta olharmos uma das principais cidades do país, São Paulo, para notarmos o luxo do bairro do Morumbi, com suas mansões com piscina, a poucos metros da favela de Paraisópolis, com seus barracos alquebrados. Falamos, diversas vezes ao longo deste livro, sobre essa concentração, evidenciada pelo 1% das pessoas do mundo que detém 50% de todo o capital — e esse número não parece estar arrefecendo. O que, infelizmente, o futuro parece reservar é uma concentração ainda maior.

Em meio à maior crise sanitária dos últimos 100 anos, os ricos aumentaram ainda mais sua fortuna, enquanto muitas pessoas perderam seus empregos, endividaram-se e diminuíram sua capacidade de compra e sobrevivência (Vitorio, 2021). Isso mostra que, se não houver controle por parte dos governos, o capital tende a se concentrar, porque os donos dos meios de produção sempre encontram uma forma de explorar mais seus empregados e o dinheiro, por si só, aumenta de valor por conta de investimentos.

No futuro, os governos precisarão preocupar-se com a concentração de renda e, principalmente, com a pobreza gerada, já que, associadas a ela, vêm a violência e as doenças. Pensemos na pandemia causada por um vírus que provavelmente se originou de uma pessoa que, para sobreviver, precisou comer um morcego, a da covid-19. Da mesma forma, o vírus da gripe espanhola, que tantas pessoas matou, foi derivado das péssimas condições de higiene e segurança na Primeira Guerra Mundial (Santos; Gayer, 2020). Ambas as pandemias não atacaram apenas os pobres, mas também os ricos e a classe média. Ainda que os menos favorecidos sofram mais e estatisticamente morram em maior número, não podemos esquecer que donos de banco faleceram de covid-19 da mesma forma que até o presidente do Brasil faleceu em 1919 de gripe espanhola. Portanto, não cuidar da distribuição de renda aumenta a pobreza e, consequentemente, possibilita o surgimento defocos de doenças potencialmente fatais para a humanidade.

Além disso, há a violência. Pessoas desesperadas cometem atos desesperados, tal que um pai ou uma mãe pode facilmente cometer um ato violento para dar de comer a seus filhos. Existe também a questão da inveja. Pode ser muito difícil para uma pessoa que precisa comer o lixo da rua olhar outra desfilando em seu carro importado. A sensação de injustiça pode prevalecer e levá-la a cometer um ato violento. Não à toa existe um processo higienista desde o século XIX em nosso país e em tantos outros, que consiste em segregar os mais pobres em regiões distantes dos ricos (Oliveira Sobrinho, 2013). No Brasil, há as favelas; nos Estados Unidos, os cortiços nos guetos; na Jamaica, Trenchtown. No entanto, segregar nunca foi solução, porque apenas tira de perto, sendo tão útil quanto tapar o sol com uma peneira.

Diante disso, parece necessário que todos os governos, não apenas o do Brasil ou o dos Estados Unidos, se empenhem em reduzir a desigualdade financeira. Para isso, precisamos compreender a economia política muito mais como algo de cunho sociológico do que meros números frios em planilhas de custos e arrecadação. As pessoas devem ter voz e oportunidades, e o governo deve incentivar a economia de forma que a população consiga melhorar de vida. Do contrário, haverá mais violência, doenças, fome e guerras. Cabe a nós, que moramos em um país democrático, escolher governantes (do vereador ao presidente da república) que se comprometam a melhorar a política econômica em seu entorno, seja do bairro, com os vereadores, seja a macroeconomia, com o presidente. A saída democrática para a melhoria da vida das pessoas passa pelo voto a cada quatro anos e pela cobrança insistente a cada dia. A economia e a política caminham juntas. E nós caminhamos no meio delas.

Considerações finais

Bem, chegamos ao final desta grande jornada e esperamos que você tenha aproveitado e que estes conhecimentos lhe sejam úteis ao longo de sua vida.

Podemos dizer que, neste livro, passamos por diversos pontos muito interessantes e importantes da economia política. Já de início, no primeiro capítulo, discutimos algumas definições da área, bem como a evolução do pensamento econômico, apresentando os principais estudiosos do tema. Também abordamos os dois principais modos de pensar a economia política: a escola liberal e a escola marxista, e sua relação com o valor.

No segundo capítulo, discutimos os principais fundamentos da disciplina, como a repartição de renda, o excedente e a acumulação. Também falamos bastante sobre concentração de capital e desigualdade social, esta provocada pela centralização de recursos. Abordamos um pouco dos conceitos de moeda e crédito.

O terceiro capítulo foi basicamente focado em nosso país. Nele, trouxemos a base teórica da inflação e discutimos como o Brasil, ao longo de décadas, sofreu com esse mal. Procuramos deixar clara a relação entre economia e política, mostrando como a nação sofre quando políticas econômicas são equivocadas.

No quarto e último capítulo, tentamos compreender a economia e a política no século XXI. Por isso, tratamos da economia "grátis", do fenômeno da cauda longa, produzido pela internet, bem como apresentamos questões acerca das criptomoedas e do dinheiro digital. Abordamos também a relação insidiosa da internet e seu capitalismo de vigilância e pensamos um pouco sobre o futuro da economia e da política, como base em temas como a precarização, a disparidade social e as expectativas governamentais.

Acreditamos que este livro cobre uma gama enorme de assuntos e ideias, de planos econômicos governamentais até o consumo de um cachorro-quente na esquina. De alto a baixo, da esquerda à direita, procuramos apresentar todas as facetas dessa instigante área do pensamento humano.

Nossa mensagem final, portanto, é que você fique atento a tudo o que dissemos e, principalmente, perceba que a economia política não é algo distante e fora de sua alçada. Muito pelo contrário, ela influencia diretamente sua vida, do pãozinho que você compra para tomar o café da tarde ao candidato escolhido nas próximas eleições, da programação de sua aposentadoria à própria compra deste livro. A economia política está em tudo.

O ser humano é um ser político, um animal que precisa de outros como ele para se comunicar. A maior forma de estabelecer uma comunicação entre pessoas que sequer se conhecem é por meio da economia. Quem não conhece (ou não quer conhecer) economia fatalmente acaba com sérios problemas financeiros. Quem não conhece (ou não quer conhecer) política fatalmente acaba sendo subjugado por charlatões que abusam do poder que lhes foi confiado. Quem não conhece (ou não quer conhecer) economia política fatalmente não consegue compreender o mundo.

Na intenção de que você tenha uma vida financeira satisfatória, que não seja enganado por nenhum político e que compreenda muito melhor o mundo nos despedimos desejando um mundo melhor a todos e a todas nós.

Um forte abraço!

Referências

1% MAIS RICOS do mundo detêm mais do dobro de 6,9 bilhões de pessoas, aponta ONG. **G1**, 19 jan. 2020. Disponível em: <https://g1.globo.com/economia/noticia/2020/01/19/1percent-mais-ricos-do-mundo-detem-mais-do-dobro-de-69-bilhoes-de-pessoas-aponta-ong.ghtml>. Acesso em: 22 out. 2021.

ANDERSON, C. **A cauda longa**: a nova dinâmica de marketing e vendas – como lucrar com a fragmentação dos mercados. Rio de Janeiro: Elsevier, 2015a.

ANDERSON, C. **Free**: o futuro dos preços. Tradução de Cristina Yamagami. Rio de Janeiro: Elsevier, 2015b.

ANDRÉ, R. G.; SILVA, R. O. da; NASCIMENTO, R. P. "Precário não é, mas eu acho que é escravo": análise do trabalho dos motoristas da

Uber sob o enfoque da precarização. **Revista Eletrônica de Ciência Administrativa**, v. 18, n. 1, p. 7-34, jan./mar. 2019. Disponível em: <http://www.periodicosibepes.org.br/index.php/recadm/article/view/2544>. Acesso em: 28 out. 2021.

ATARI: Game Over. Direção: Zak Penn. Estados Unidos: Kew Media Group, 2014. 66 min.

BADERNAÇO: o dia que não acabou. Direção: Marcelo Emanuel e Eliomar Araújo. Brasil: Independente, 2014. 20 min.

BARKS, C. **Tio Patinhas**: nadando em dinheiro. 3. ed. São Paulo: Panini, 2020.

BARTLETT, J. **The People Vs Tech**: How the Internet Is Killing Democracy (and How We Save It). New York: Ebury Press, 2018.

BAUMAN, Z. **Vida para consumo**: a transformação das pessoas em mercadoria. Tradução de Carlos Alberto Medeiros. Rio de Janeiro: J. Zahar, 2008.

BENJAMIN, W. **Magia e técnica, arte e política**: ensaios sobre literatura e história da cultura. Tradução de Sérgio Paulo Rouanet. São Paulo: Brasiliense, 1985. (Obras Escolhidas, 1).

BOBBIO, N. **Liberalismo e democracia**. Tradução de Marco Aurélio Nogueira. São Paulo: Brasiliense, 1992.

BRAUDEL, F. **Escritos sobre história**. Tradução de J. Guinburg e Tereza Cristina Silveira da Mota. São Paulo: Perspectiva, 2019.

CALDEIRA, J. **História da riqueza no Brasil**. São Paulo: Estação Brasil, 2017.

CARVALHO, F. J. C. de. **Keynes e os pós-keynesianos**: princípios de macroeconomia para uma economia monetária de produção. São Paulo: Alta Books, 2020.

CHOMSKY, N. **Mídia**: propaganda política e manipulação. Tradução de Fernando Santos. São Paulo: M. Fontes, 2013.

CINEMAGIA: a história das videolocadoras de São Paulo. Direção: Alan Oliveira. São Paulo: LumoLab, 2017. 99 min.

CNC – Confederação Nacional do Comércio. Número de brasileiros endividados em 2020 foi o maior em 11 anos. **CNC**, 29 jan. 2021. Disponível em: <http://stage.cnc.org.br/editorias/economia/noticias/numero-de-brasileiros-endividados-em-2020-foi-o-maior-em-11-anos>. Acesso em: 20 ago. 2021.

COELHO, P. M. F.; COSTA, M. R. M.; SANTOS, R. O. dos. Educação, tecnologia e indústria criativa: um estudo de caso do Wattpad. **Cadernos de Pesquisa**, Fundação Carlos Chagas, v. 49, n. 173, p. 156-182, jul./set. 2019. Disponível em: <http://publicacoes.fcc.org.br/index.php/cp/article/view/6172>. Acesso em: 28 out. 2021.

DAMASCENO, L. As 5 melhores maquininhas de cartão para celular 2021. **Mobile Transaction**, 31 mar. 2021. Disponível em: <https://br.mobiletransaction.org/maquininha-de-cartao-5-melhores/>. Acesso em: 28 out. 2021.

DANA, S. 'The Chicago Boy': Milton Friedman e suas contribuições para a economia. **G1**, 23 set. 2017. Blog do Samy Dana. Disponível em: <http://g1.globo.com/economia/blog/samy-dana/post/chicago-boy-milton-friedman-e-suas-contribuicoes-para-economia.html>. Acesso em: 21 out. 2021.

DECCA, E. S. de. **O nascimento das fábricas**. São Paulo: Brasiliense, 2004.

DÓRIA, P. **Honoráveis bandidos**: um retrato do Brasil na era Sarney. São Paulo: Geração Editorial, 2012.

EMANUEL, M.; ARAÚJO, E.; VARELA, F. **Badernaço**: o dia que não acabou. Brasil: Independente, 2014.

FACEBOOK bloqueia publicação de notícias na Austrália. **Deutsche Welle**, 18 fev. 2021. Disponível em: <https://www.dw.com/pt-br/facebook-bloqueia-publicação-de-notícias-na-austrália/a-56617440>. Acesso em: 27 out. 2021.

FAO — Food and Agriculture Organization of the United Nations. **Food and agriculture data**. Disponível em: <http://www.fao.org/faostat>. Acesso em: 28 out. 2021.

FARO, C. de. (Org.). **O plano Collor**. Rio de Janeiro: LTC, 1990.

FAUSTO, B. **História do Brasil**. São Paulo: Edusp, 2013.

FAUSTO, B. **Trabalho urbano e conflito social**: 1890-1920. São Paulo: Companhia das Letras, 2016.

FEENBERG, A. **O que é filosofia da tecnologia?** Tradução de Agustín Apaza. Komaba, jun. 2003. Conferência pronunciada para os estudantes universitários de Komaba. Disponível em: <https://www.sfu.ca/~andrewf/books/Portug_O_que_e_a_Filosofia_da_Tecnologia.pdf>. Acesso em: 20 out. 2021.

FEENBERG, A. **Teoria crítica da tecnologia**. Tradução da Equipe de Tradutores do Colóquio Internacional "Teoria Crítica e Educação". Jan. 2005. Conferência. Disponível em: <https://www.researchgate.net/publication/262603833_Teoria_Critica_da_Tecnologia>. Acesso em: 28 out. 2021.

FISHLOW, A. Uma história de dois presidentes: a economia política da gestão da crise. In: STEPAN, A. (Org.). **Democratizando o Brasil**. Rio de Janeiro: Paz & Terra, 1988. p. 137-198.

FONSECA, M. Preço para comprar imóveis residenciais sobe 3,70% em 2020; veja bairros mais caros e baratos em SP e RJ. **Infomoney**, 5 jan. 2021. Disponível em: <https://www.infomoney.com.br/minhas-financas/preco-dos-imoveis-residenciais-sobe-370-em-2020-veja-bairros-mais-caros-e-baratos-em-sp-e-rj/>. Acesso em: 25 out. 2021.

FONTE, S. S. D. **Marx e a obra de arte literária em O *capital*.** 248 f. Tese (Doutorado em Filosofia) — Faculdade de Ciências Humanas e Filosofia, Universidade Federal de Minas Gerais, Belo Horizonte, 2020. Disponível em: <https://repositorio.ufmg.br/bitstream/1843/33953/1/Marx%20e%20a%20obra%20de%20arte%20literaria%20em%20O%20capital.pdf>. Acesso em: 21 out. 2021.

FORD, H. **Minha vida, minha obra.** Jandira: Principis, 2021.

FOUCAULT, M. **Nietzsche, Freud e Marx**: Theatrum Philosoficum. Tradução de Jorge Lima Barreto. São Paulo: Princípio, 1997.

FOUCAULT, M. **Vigiar e punir.** Tradução de Raquel Ramalhete. Petrópolis: Vozes, 2013.

GATES, B. **A estrada do futuro.** Tradução de Beth Vieira et al. São Paulo: Companhia das Letras, 2015.

HARARI, Y. N. **Sapiens**: uma breve história da humanidade. Tradução de Janaína Marcoantonio Porto Alegre: L&PM, 2015.

HEYWOOD, A. **Ideologias políticas**: do liberalismo ao fascismo. Tradução de Janaína Marcoantonio e Mariane Janikian. São Paulo: Ática, 2010.

HOBSBAWM, E. **Era dos extremos**: O breve século XX (1914-1991). Tradução de Marcos Santarrita. São Paulo: Companhia das Letras, 1995.

INFLAÇÃO histórica Estados Unidos — IPC. **Inflation.eu**. Disponível em: <https://www.inflation.eu/pt/taxas-de-inflacao/estados-unidos/inflacao-historica/ipc-inflacao-estados-unidos.aspx>. Acesso em: 27 out. 2021.

KISHTAINY, N. **Uma breve história da economia.** Tradução de Janaína Marcoantonio. Porto Alegre: L&PM, 2018.

KOGUT, P. **101 atrações de TV que sintonizaram o Brasil.** São Paulo: Estação Brasil, 2017.

LABORATÓRIO Brasil. Direção: Roberto Stefanelli. Brasil: TV Câmara, 2007. Disponível em: <https://www.youtube.com/watch?v=W1y9 M9Zyn7I>. Acesso em: 14 set. 2021.

LANIER, J. **Dez argumentos para você deletar agora suas redes sociais**. Tradução de Bruno Casotti. São Paulo: Intrínseca, 2018.

LARAIA, R. de B. **Cultura**: um conceito antropológico. Rio de Janeiro: J. Zahar, 2007.

LEITÃO, M. **Saga brasileira**. Rio de Janeiro: Record, 2011.

LENZ, M. H. A teoria da renda da terra em Adam Smith. **Ensaios FEE**, Por Alegre, v. 14, n. 1, p. 144-178, 1993. Disponível em: <https://revistas.dee.spgg.rs.gov.br/index.php/ensaios/article/view/1603>. Acesso em: 21 out. 2021.

LISBOA, A. de M. Economia política aristotélica: cuidando da casa, cuidando do comum. **Logeion: filosofia da informação**, Rio de Janeiro, v. 4, n. 1, p. 36-72, set./fev. 2017. Disponível em: <http://revista.ibict.br/fiinf/article/view/4001/3333>. Acesso em: 20 out. 2021.

LOPEZ, A.; MOTA, C. G. **História do Brasil**: uma interpretação. São Paulo: Senac, 2008.

LUPION, B. Mais 170 mil brasileiros entraram para a pobreza extrema em 2019. **Uol**, 18 maio 2020. Disponível em: <https://economia.uol.com.br/noticias/redacao/2020/05/18/mais-170-mil-brasileiros-entraram-para-a-pobreza-extrema-em-2019.htm>. Acesso em: 25 out. 2021.

MARTIN, P. **Dinheiro e psicanálise**. Tradução de Dulce Duque Estrada. São Paulo: Revinter, 1997.

MARX, K. **O capital**: crítica da economia política. Tradução de Rubens EnderleSão Paulo: Boitempo, 2011.

MARX, K.; ENGELS, F. **A ideologia alemã**: crítica da mais recente filosofia alemã em seus representantes Feuerbach, B. Bauer e Stirner, e do socialismo alemão em seus diferentes profetas – 1845-1846. Tradução de Rubens Enderle, Nélio Schneider e Luciano Cavini Martorano. São Paulo: Boitempo, 2007.

MATIAS-PEREIRA, J. **Curso de economia política**. São Paulo: Atlas, 2015.

MEDEMA, S. G.; SAMUELS, W. J. (Ed.). **The History of Economic Thought**: a Reader. Abingdon: Routledge, 2013.

MORAN, C. A. A.; WITTE, G. A conceitualização da inflação e uma análise dos planos econômicos brasileiros de 1970-1990. **Revista Teoria e Evidência Econômica**, Passo Fundo, v. 1, n. 1, p. 119–141, mar. 1993. Disponível em: <http://seer.upf.br/index.php/rtee/article/view/4208>. Acesso em: 25 out. 2021.

MOURA NETO, J. de; RAMOS, B. R. Exterminadores do futuro. In: RAMOS, G. T. et al. (Coord.). **O golpe de 2016 e a reforma da previdência**: narrativas de resistência. Bauru: Canal 6, 2017. p. 220-223.

OLIVEIRA, I. Indústria automotiva: quem é dono de quem e detalhes sobre os principais fabricantes. **AutoVideos**, 2019. Disponível em: <https://autovideos.com.br/industria-automotiva-dono-quem-fabricantes/>. Acesso em: 28 out. 2021.

OLIVEIRA SOBRINHO, A. S. de. São Paulo e a ideologia higienista entre os séculos XIX e XX: a utopia da civilidade. **Sociologias**, Porto Alegre, v. 15, n. 32, p. 210-235, 2013. Disponível em: <https://www.scielo.br/j/soc/a/LJBz4P3sqLrM4ss4sNQJZSG/?lang=pt&format=pdf>. Acesso em: 28 out. 2021.

PEREIRA, L. M. P.; MENEZES, S. L. Sobre ideias e instituições: a riqueza das nações ou a riqueza da nação? As ideias de Adam Smith e Friedrich List sobre o desenvolvimento do capitalismo. **Acta Scientiarum: Human and Social Sciences**, Maringá, v. 30, n. 1, p. 87-95, 2008. Disponível em: <https://periodicos.uem.br/ojs/index.php/ActaSciHumanSocSci/article/view/5106/3312>. Acesso em: 20 out. 2021.

PIKETTY, T. **O capital no século XXI**. Tradução de Monica Baumgarten de Bolle. São Paulo: Intrínseca, 2014.

PILAGALLO, O. **A história do Brasil no século 20**: 1980-2000. São Paulo: Publifolha, 2006.

POLANYI, K. **A subsistência do homem e outros ensaios correlatos**. Tradução de Vera Ribeiro. São Paulo: Contraponto, 2012.

RIBEIRO, J. U. **Política**: quem manda, por que manda, como manda. Rio de Janeiro: Objetiva, 2010.

RISSO, L. Harvesting Your Soul? Cambridge Analytica and Brexit. In: BREXIT SYMPOSIUM, 2017, Mainz. **The Selected Proceedings of the Symposium**, Mainz: Akademie der Wissenchafen un der Literatur, 2017. p. 75-87. Disponível em: <https://www.adwmainz.de/fileadmin/user_upload/Brexit-Symposium_Online-Version.pdf>. Acesso em: 28 out. 2021.

SANDRONI, P. **O que é mais-valia**. São Paulo: Civilização Brasileira, 1982.

SANTOS, R. O. dos. Algoritmos, engajamento, redes sociais e educação. **Acta Scientiarum Education**, v. 44, p. 1-19, 2021. No prelo.

SANTOS, R. O. dos. O governo José Sarney, as canções do rock nacional e a revista Chiclete com Banana. **Revista Brasileira de História & Ciências Sociais**, v. 8, n. 16, p. 169-191, jul./dez. 2016. Disponível em: <https://periodicos.furg.br/rbhcs/article/view/10672>. Acesso em: 26 out. 2021.

SANTOS, R. O. dos. **Rock e quadrinhos nas páginas da revista Chiclete com Banana (1985-1990)**. 472 f. Tese (Doutorado em História) – Universidade Federal do Paraná, Curitiba, 2014. Disponível em: <https://acervodigital.ufpr.br/bitstream/handle/1884/37025/R%20-%20T%20-%20RODRIGO%20OTAVIO%20DOS%20SANTOS.pdf?sequence=3&isAllowed=y>. Acesso em: 26 out. 2021.

SANTOS, R. O. dos; GAYER, I. Covid-19 e a sala de aula: uma comparação com a gripe espanhola a partir da história em quadrinhos

La Dansarina. **Revista Intersaberes**, v. 15, n. 36, p. 581-596, set./dez. 2020. Disponível em: <https://www.revistasuninter.com/intersaberes/index.php/revista/article/view/2100>. Acesso em: 20 ago. 2021.

SILVA, M. F. G. da. **Formação econômica do Brasil**: uma reinterpretação contemporânea. Rio de Janeiro: Elsevier, 2012.

SINGER, P. **Curso de introdução à economia política**. Rio de Janeiro: Forense Universitária, 2015.

SKIDMORE, T. **Brasil**: de Castelo a Tancredo – 1964-1985. Rio de Janeiro: Paz & Terra, 1988.

SLEE, T. **Uberização**: a nova onda do trabalho precarizado. São Paulo: Elefante, 2017.

SOUZA, F. E. P. de. A política de câmbio do Plano Real (1994-1998): especificidades da âncora brasileira. **Revista de Economia Contemporânea**, v. 3, n.1, p. 37-56, jan./jun. 1999. Disponível em: <https://revistas.ufrj.br/index.php/rec/article/view/19593>. Acesso em: 27 out. 2021.

SOUZA, J. **Os batalhadores brasileiros**: nova classe média ou nova classe trabalhadora? Belo Horizonte: Ed. UFMG, 2012.

SUMPTER, D. **Dominados pelos números**: o Facebook e Google às fake news – os algoritmos que controlam nossa vida. Tradução de Anna Maria Sotero e Marcello Neto. São Paulo: Bertrand Brasil, 2019.

TARAN, C. **Precisamos falar sobre o *streaming***. Rio de Janeiro, mar. 2015. 22 slides. Disponível em: <https://www.slideshare.net/ctaran/precisamos-falar-sobre-o-streaming>. Acesso em: 20 ago. 2021.

TEMPOS modernos. Direção: Charles Chaplin. Nova Iorque: United Artists, 1936. 89 min.

TWENGE, J. M.; CAMPBELL, W. K. **The Narcisism Epidemic**: Living in the Age of Entitlement. New York: Free Press, 2009.

ULRICH, F. **Bitcoin**: a moeda na era digital. São Paulo: Instituto Ludwig von Mises Brasil, 2014.

VIEIRA PINTO, A. **O conceito de tecnologia**. São Paulo: Contraponto, 2007.

VITORIO, T. Bilionários ficaram US$ 5 trilhões mais ricos em meio à pandemia de Covid-19. **CNN Brasil**, 6 abr. 2021. Disponível em: <https://www.cnnbrasil.com.br/business/2021/04/06/mesmo-com-a-pandemia-da-covid-19-bilionarios-ficaram-us-5-trilhoes-mais-ricos>. Acesso em: 28 out. 2021.

VITRAL, R. Papo com Fabio Vermelho, autor da revista *Weird Comix*: "Quero que as pessoas sintam algo lendo, seja vergonha, diversão, nojo, raiva ou pena". **Vitralizado**, 29 ago. 2019. Disponível em: <https://vitralizado.com/hq/papo-com-fabio-vermelho-autor-da-revista-weird-comix-quero-que-as-pessoas-sintam-algo-lendo-seja-vergonha-diversao-nojo-raiva-ou-pena/>. Acesso em: 28 out. 2021.

WEATHERFORD, J. **A história do dinheiro**: do arenito ao cyberspace. Tradução de June Camargo. São Paulo: Negócio, 1999.

ZUBOFF, S. **The Age of Surveillance Capitalism**. London: Profile Books, 2019.

Sobre o autor

Rodrigo Otávio dos Santos é doutor em História pela Universidade Federal do Paraná (UFPR), mestre em Tecnologia pela Universidade Tecnológica Federal do Paraná (UTFPR) e graduado em História pela UFPR. Realizou estágio de pós-doutorado em Tecnologia na UTFPR. Atualmente, é professor titular do Programa de Mestrado e Doutorado em Educação e Novas Tecnologias do Centro Universitário Internacional Uninter.

Os papéis utilizados neste livro, certificados por instituições ambientais competentes, são recicláveis, provenientes de fontes renováveis e, portanto, um meio responsável e natural de informação e conhecimento.

FSC
www.fsc.org
MISTO
Papel produzido a partir de fontes responsáveis
FSC® C103535

Impressão: Reproset
Fevereiro/2023